加速財富顯化的
EFT 敲打法

《有錢人想的和你不一樣》作者也在用，
每天輕敲幾分鐘，創造持續流入的財富

Tapping Into Wealth: How Emotional Freedom Techniques (EFT) Can Help You Clear The Path To Making More Money

瑪格麗特・林區（Margaret M. Lynch）、
黛莉・迪雅娜・施瓦茨（Daylle Deanna Schwartz）——著；
何佳芬——譯

高寶書版集團

目錄

推薦序 5

前言 8

第一章　身心與金錢的連結 14
第二章　敲打法入門 23
第三章　金錢的五大類別 31
第四章　你對財富的真實感受 46
第五章　早期金錢觀 69
第六章　財務創傷 88
第七章　負債造成的阻礙 102
第八章　你的潛在意圖 121
第九章　遠大目標的絆腳石 133
第十章　設定遠大的目標 150
第十一章　目標創傷 170
第十二章　清理「我不值得擁有更多錢」的信念 182
第十三章　破除「追求完美」的誓約 202

目錄

第十四章　破除「讓自己隱形」的誓約 215

第十五章　允許自己接受 227

第十六章　拒絕變有錢的真相 239

第十七章　創造財富能量的五個原則 257

致謝 267

推薦序

尼克・歐特納（Nick Ortner），
紐約時報暢銷書《釋放更自在的自己》（*The Tapping Solution*）作者

二〇〇四年的我負債累累，不但對自己的工作狀態不滿，也厭倦了如雲霄飛車般上上下下的事業起伏，我發現自己想要尋找另一種解方。我很清楚一直以來所做的事並不管用，而問題並不是缺乏努力。我閱讀了許多書籍，更埋首於各大金融講堂，竭盡所能地想要提升自己和財富，但似乎就是缺乏臨門一腳。

直到我接觸了「情緒釋放技巧」（Emotional Freedom Techniques，簡稱 EFT），也就是敲打法（Tapping）之後，一切開始有了改變。我才意識到我的看法、決策、信念與過往創傷等「內在因素」，其實更勝於努力工作、巧獲幸運機會和經濟時機等「外在因素」。

這個覺察讓我踏上了改變的關鍵第一步，然而問題依然存在。我到底該如何改變？我知道自己有些壞習性，也有些僵化的觀念和創傷，所以該怎麼做呢？這正是敲打法發揮神奇作用的時刻。

我從二〇〇四年開始接觸敲打法，它幫助我清理過往的包袱，讓我

得以為自己開啟全新的人生。二〇〇七年,我開始製作紀錄片《釋放更自在的自己》,講述情緒釋放技巧的力量。這部片的內容後來也出版成書,並有幸成為《紐約時報》暢銷書。這個計畫的靈感源自一種新的生活方式與現實認知,它讓我相信:一切皆有可能,我可以實現夢想,還能夠為世界帶來深遠的價值與貢獻,並且獲得財務上的回報。

自從我開始透過敲打法改變自己的財務現實,接下來的人生簡直只能用無與倫比來形容。我將這一切的成就歸功於自己願意花時間深入檢視財務信念,並透過敲打法來改變。這個簡單且經過科學證實的方式,讓我的人生全然改變,當然也能為你帶來轉變。

若你真心渴望改變,我可以向你保證,這個世界上沒有比敲打法更強大的工具。然而,有時候光有工具還不夠,你還需要值得信賴的導師,能夠為你帶來指引、關懷與滋養,指出你真正需要前往的方向與探索的範疇,並幫助你盡可能快速地看見成果。

這正是我的朋友瑪格麗特・林區以及這本精彩絕倫的書登場的時候。你當然可以自學敲打法的基本技巧,並自行練習這個方法。但這樣的學習過程可能會花更多時間、遇到更多困難,所產生的效果往往也不如在瑪格麗特・林區這樣的專家精準引導下來得強大有力。

我與瑪格麗特在二〇〇八年相識,那時我們的情緒釋放技巧「事業」都屬於剛起步階段,她爽朗的笑容和親切的個性立刻吸引了我。相處之後,我隨即發現瑪格麗特不但散發出成功與自信,也確實對於金錢、財務和設定目標有深切的理解,而這些都是打造持續成功的要素。

這些年來,我一路見證瑪格麗特在這個領域不斷地創新,帶來嶄新而深刻的洞見與熱忱,並展現出令人讚嘆的成果。透過這本書,她更是把這一切提升到了更高的層次。

　　現在,你有機會得到我認為最聰慧的人親自指導(我曾接受多次一對一教學),她在這個領域的洞察力與見解無人能及,能夠幫助你快速有效地改善現有的財務狀況。

　　所以,請放鬆心情,讓自己舒服地坐下來,開始運用敲打法展開這段旅程,釋放你的潛能,追隨你的夢想與熱情,創造一個成功且豐盈的人生!

前言

「我為什麼不能更有錢？」這是許多深感挫折的人反覆在心中吶喊的疑問。他們渴望更好的生活，也全力以赴，卻始終停滯在原有的收入水平。有些人勤奮工作卻得不到應有的回報，其他人則運用新時代的「吸引力法則」來吸引更多的財富（第一章將有更多討論），最終卻還是徒勞收場。大多數人對自己缺乏賺取更多錢的能力感到沮喪、失望甚至自卑，接著便開始自責和找理由，例如：

- 「我到底哪裡有問題？為什麼賺不了更多錢？」
- 「我究竟做了什麼事才會落得這樣的結果？」
- 「我不知道怎麼樣才能賺更多錢！」

這些負面的訊息和情緒只會強化你「不」想要的！從現在開始，你應該改變自己和金錢的關係。我寫這本書的目的，就是要幫助大家運用有效的技巧，戰勝阻礙你邁向財富自由之路的絆腳石。改變財務狀況的關鍵力量，無關乎你的銀行帳戶或是目前的薪水有多少，這個力量就掌握在你的手上，更具體來說，就在你的大腦裡。假如你願意檢視過去的經驗如何造成現在的金錢觀，然後將其摒棄，就能夠打開財富之

門,並獲得超乎想像的財富。我個人就是藉由書中的策略建立起目前的職業生涯。你也做得到!一旦明白了我所教的內容,就能夠擁有掌控的力量,這股力量會大幅增加你能創造和累積的財富。我希望你變得富有!

和其他採用身心療癒方法的知名教練不同,我具備科學與商業背景。我擁有美國麻薩諸塞州伍斯特理工學院化學工程學士學位,這讓我能夠以工程師的務實態度來研究和探索身心療癒技巧。此外,我曾經在美國《財星》500強公司工作超過十八年,因此擁有高階管理與銷售經驗。後來,我決定轉換事業跑道,成為領導教練,並且開始面對自己在金錢與財富方面的種種阻礙。

我的工程學背景引領我接觸到新興的能量醫學,並成為合格的情緒釋放技巧(Emotional Freedom Techniques,簡稱EFT)執業者。情緒釋放技巧又被稱為敲打法(Tapping),進行時需要用指尖敲擊身體穴位,同時專注於自身的限制性信念或負面經驗,並在過程中表達自己對這些信念或經驗的感受。這種身心療癒技巧,能夠幫助你連結潛意識,並實際釋放阻礙。我開始實踐敲打法之後,無論是心態、行為或自信心,都產生了巨大的轉變。

在我展開新事業「新英格蘭成功教練公司」(New England Success Coaching)之後,我對成功抱有很大的期待,尤其是我具備這項強而有力的技能。然而幾個月過去,公司賺的錢根本入不敷出,我感到惶恐、挫敗、羞愧與悲嘆。我的生活完全陷入咬牙苦撐的生存模式,每天都

想著如何賺更多錢來付帳單,但真正讓我驚訝的是想要過好日子竟然如此艱難。有許多資質聰穎、工作努力和心地良善的人來尋求我的協助,他們同樣被自己的財務狀況壓得喘不過氣,卻只能勉強度日,難以享受人生、拓展事業、發揮天賦或是品味生活。他們期望接受我的輔導來提升自信或公開演講的能力,並排除焦慮、壓力和過往令人煩憂的記憶。我從旁觀察到這些人非常善於掩飾私人的財務困境,而這往往也是他們長期處於恐懼、壓力和不安的原因。

他們之中有些人心態開放,曾進行過多次的個人內在探索,但即使如此,他們在生活與事業上,依然受到金錢的限制。這讓他們長期承受壓力、困在恐懼裡,不僅無法真正享受生活,也難以充分發揮自身的天賦與才能。他們對於財富的種種限制,悄悄滲透進生活的各個層面,影響了健康,影響了家庭,也連帶影響了事業。我的客戶們的掙扎與侷限,顯然都和金錢有關,這也表示阻礙財富的特定因素在其中扮演著關鍵角色。

這些關於金錢的阻礙因素與限制性信念,完全主導了他們的財富藍圖,包括收入、存款、設定的目標,甚至負債的多寡。他們當中有些人是我見過最善良、最熱情也最有能力的人,這樣的情況讓我感到格外難受。如此聰明、正面、積極的人,卻因為金錢苦惱不已,實在讓人覺得不對也不公平。這樣的處境我非常能夠感同身受,因為我自己在創業時也有過類似的經歷。

這份難受與沮喪促使我深入探討,亟欲挖掘並排除那些阻礙人們擁

有金錢與財富的絆腳石，也促使我深入挖掘自己的內在阻礙，並研究所有與此相關的教導。我發現與金錢相關的限制性信念、掙扎和自我破壞的源頭，都起於個人不自覺地對金錢和財富所立下的負面誓約。它們大多數源自很久以前，通常是在童年時期，而且早已被意識層面所遺忘。在研究人們對金錢的態度以及處理金錢的模式之後，我發現只要知道從何處著眼，很容易就能找出阻礙。

我將敲打法以及對金錢與財富的研究結合起來，使我與客戶在清除金錢阻礙方面獲得了顯著成果。當他們回顧自己的人生，明白為什麼會犯下和金錢與財富有關的錯誤後，也使他們得以清楚個人通往財富的特定阻礙與限制，從而擁有真正的選擇自由，並獲得更多的金錢。基於這樣的領悟，我設計了一系列課程，內容包括能夠清理所有財富限制與阻礙的工具，而且非常管用！這也讓我在短短幾年之內，成為將敲打法運用在財富管理上的全球頂尖專家。

在當今的經濟環境下，以身心整合的方式來面對金錢，比以往任何時候都更重要！放眼世界，你會看到全球的金融系統正在瓦解。就像老舊的建築物一樣，這個系統的結構正在坍塌，亟需重建，因為它們大多建立在過時的規範、觀念與運作方式上，而且很少受到質疑，甚至在許多情況下已經腐敗不堪。現在，請想像你的內在也存在著一個金融系統，就像一座由老舊建築組成的城市。一直以來，你個人的整體財務藍圖都建立在由過時的規則、信念與運作方式所組成的架構上，導致你時常飽受羞愧、自我懷疑、恐懼和其他負面情緒所苦。

這些內在準則就如同鋼柱和水泥地基般牢固、僵化、真實，必須像對待老舊的建築那樣予以拆除，才能重新建造嶄新的財富現實，以支持你真正的人生目標。你一定做得到！雖然有些門關上了，但當你準備好跨出去時，有更多機會之門正在為你敞開。當我離開美國企業界，擺脫一成不變和擔心被解僱的工作後，我也踏進了其中一扇門。不過，如果想要成功，我必須做到兩件關鍵事項：

◆ 拆除我內在既有的財務架構，並提升金錢運作系統。
◆ 大幅增進熱情、能量、智慧、行動力、個人魅力和選擇能力。

你願意為了賺更多錢跨出多大的步伐？這一步必須與你的願景和財富目標相符。我在剛創業時懷抱相當遠大的願景，必須大膽果決地跨出一大步，而當我克服成功的阻礙之後，也確實如此行動了。所以你必須問自己核心問題：「我是否已經到了撐不下去的地步，或者我的人生似乎還算順遂？」你對自己的財務狀況是感到沮喪甚至憤怒，或是徹底受夠了？如果你有任何諸如此類的情緒，或已經準備好擁有更多錢，請繼續閱讀下去！我非常樂意幫助你開啟通往財富的大門。

我將在書中說明如何找出你的阻礙。首先，我會解說身心與金錢之間的連結，以及這對你在財務上的影響；接著，我會解釋什麼是敲打法以及進行的方式；最後，我會提供你做得到的練習，幫助你挖掘內心對金錢真正的信念和情緒，還有你為什麼需要認真看待擁有更多錢這件

事。我們將探討隱藏在內心的恐懼，例如對「擁有大量金錢會帶來壞處」的看法，以及你如何因為過度消費、投資失誤或帳務管理不當，而在不知不覺中破壞自己累積財富的能力。我也將透過改變潛意識對自己該擁有多少錢的限制性信念，引導你重新設定財富目標。閱讀完這本書之後，你除了會明白自己為什麼無法更有錢，也將有能力逆轉情勢，並準備好真正跨出改變的步伐。

我已經幫助數千人找出他們把財富拒於門外的原因，並且運用敲打法清除了那些阻礙。現在，我也希望能幫助你回答「我為什麼不能更有錢？」這個問題。如此一來，你就可以找出並清除自己的阻礙，進而創造更多財富。本書的大部分章節中都設計了專屬練習，幫助你釐清每一個概念，同時透過範例語句，引導你運用敲打法來清除阻礙。我想要幫助你跳脫看似無處可逃的財務困境，打開通往嶄新財富現實的大門。我相信你一定做得到！現在，讓我們開始吧！

你可以透過以下網址，觀看與書中各個章節相關的示範影片：

https://tappingintowealth.com/login/

第一章

身心與金錢的連結

身心連結的概念在過去十年間獲得廣泛關注，尤其是在健康領域，約翰‧薩爾諾博士（John Sarno）的《用心戰勝背痛》（*Mind Over Back Pain*）等一系列暢銷書，以及露易絲‧賀（Louise L. Hay）的《創造生命的奇蹟》（*You Can Heal Your Life*），都提到了負面情緒與疾病之間的連結，以及如何利用這種連結來減緩或治癒健康問題。我則是採取同樣的概念來增進財富。

如果想要大幅提升自己的財富，你必須意識到**金錢其實與身心息息相關**。你可以運用這一點來掌握並增加你的財富。不過，這並沒有聽起來那麼輕鬆，它需要你深入內心，面對可能帶來痛苦的陳年舊事或根深柢固的信念。這段探尋旅程中最艱難的部分，很可能是挖掘出個人身心與金錢之間的連結，然而一旦你找到了，你的銀行帳戶將會出現明顯的回報。

只靠吸引力法則還不夠嗎？

在歐普拉邀請《祕密》(*The Secret*)影片中的人物到她主持的節目之後,人們開始爭相使用吸引力法則來讓自己的渴望成真。但他們後來發現,這實際上並不如節目中所描述的那麼簡單。這是因為使用吸引力法則的許多關鍵因素並未被搬上檯面來討論。

這當中其實有兩大挑戰。第一個挑戰是大多數人只把意識層面的念頭當作心想事成的唯一關鍵,或者只是觀想自己想要得到的東西,卻忽略了整體的能量。然而你遠不只是那些念頭!你最強大的力量在於你的能量振動,也就是你最強烈的情緒感受,是由你對渴望所抱持的正面與負面感受共同組成的。

此外,你的情緒感受,你從小根植的限制性信念,例如「你值得擁有什麼」或「你有能力賺取什麼」,以及你對渴望所抱持的期待,都會深刻影響你最終得到什麼。這就是為什麼理解身心連結如此重要。舉例來說,你可以每天觀想自己擁有一百萬元,但你的潛意識可能仍然抱持某些信念,例如:

- 「那是絕對不可能發生的事。」
- 「想要那麼多錢是不對的。」
- 「我們家的人都很努力,卻沒有人真正變有錢。」

即使你從未意識到自己擁有這些信念，吸引力法則依然會接收到負能量。這些信念會影響你對願景的整體能量，使你陷入無力、懷疑與愧疚。就算你真的設定賺一百萬元的目標，也很可能引發像是焦慮或害怕失敗的負面情緒，這樣的身心反應就是所謂的「壓力反應」，而且與金錢有直接的連結。

所有的能量都會改變你看待每一個人和每一件事所帶來的連鎖反應，負能量會使你無法用開放的態度接受能創造財富的靈感和點子，如果你的渴望受到負面信念和情緒干擾，就很難滿腔熱血地採取行動來賺得大筆財富。若是對想擁有的財富缺乏明確的正能量，就很難和別人分享看法或觀點，當然也就不可能遇到或許能為你帶來點子、投資你或支持你的人。根據醫學期刊的解釋，壓力反應是因為大腦啟動生存機制，導致我們的創意思考和表達能力大幅減弱的一種狀態。這部分在第四章會有更深入的探討。

為了讓吸引力法則帶來效果，你必須擁有足以對財富產生積極態度的正能量，能夠想像自己的夢想終將成真，並相信遠大的目標一定能夠實現。假如你只是忙著支付帳單、勉強度日，怎麼可能對錢產生正面感受？如果遠大的目標似乎不可能實現，你又怎麼可能擁有美好的想像？這時候，錢所引發的強大情緒就會偏向負面的那一端。負面情緒通常是無意識的，它會妨礙你吸引正面的結果。

光是想像自己渴望實現的事物還不夠，你的整體能量必須與你的渴望一致。如果你對自己想要的一切心存懷疑、懼怕，甚至覺得自己不

值得擁有，那麼不但難以真正得到，反而還會吸引抱持相同感受的人和狀況，進而加深你內在「不值得」或「不可能」的信念。我們必須理解，吸引力法則不只會接收到有意識的想法，也會接收到潛意識中那些阻礙你實現渴望的念頭。

　　運用吸引力法則來增加財富的第二個挑戰，是你必須要有明確的目標。通常被問到最渴望什麼時，大多數人會回答：「更有錢！」如果你正在讀這本書，可能也會這麼回答。奇妙的是，許多嘗試透過吸引力法則或個人成長讓生活變好的人，往往不願意清楚表達自己到底想要多有錢。他們避而不談實際想獲得的財富，也不太願意列出具體數字，反而偏好聽起來比較沒壓力的目標，例如「中樂透一億元」或「想要更多的錢」，但這樣的願望一點都不明確。

　　為什麼會缺乏明確的目標呢？這往往是因為你對金錢和財富帶有負面的聯想，一旦把注意力集中在具體數字，就會開始感到壓力、焦慮、內疚、恐懼，甚至引發持續的消極自我對話。由於這種狀況令人痛苦，你可能在不知不覺中就習慣了不去設定具體金錢目標，避免觸發負面的感受。然而，那些感受並不會消失。這就是為什麼許多人會沮喪地發現，吸引力法則並無法替他們帶來更多財富。如果只要「想」就能實現願望，我們早就都衣食無虞了！即使你一再地自我肯定、設定目標，也做了其他專家建議的方法，可能還是沒辦法吸引到你原本有潛力獲得的財富，除非你：

- 把全部注意力集中在一個明確的金錢目標。
- 化解並清理創傷、阻礙等影響你實現願望的阻力。

找出你的阻礙或阻力

如果你讀過吸引力法則,就會知道清除阻力的重要性。這聽起來並不難,只要清除阻力,就能得到想要的,但大多數人都不知道該從何開始。這些阻力往往從童年時期就開始累積,它們有大有小,以各種樣貌出現。即使你表面上知道自己迫切渴望得到什麼,潛意識中卻可能藏著由信念、情緒和觀念形成的「阻力」,直接拒絕你追求的目標。

每個人都有各自的阻礙,每一個不愉快的回憶,那些讓你害怕的一切,還有歷經失望、欺瞞和被信任的人辜負所深深烙印的自我懷疑,以及當你遭受批評和徹底失敗時所感受到的自卑,或者學生時期的成績,所有的負面經歷、念頭和感受,都會層層累積成為你想要擁有更多錢的阻礙。就好比你真的很想變成有錢人,但是如果你的潛意識完全抗拒變成有錢人,或甚至連嘗試都不肯,那麼這個渴望就不可能成真。你潛意識中的這個部分,其實是所有與金錢有關的信念與情緒長期累積而成,它們已成為你心中無可動搖的「絕對真相」,而非來自邏輯或理性的判斷。

不幸的是,我們的行為有很大程度源自於潛意識。你通常不會意識到這些負面阻礙,但你的行為卻深受影響。這個潛意識的阻力可能會

讓你為自己找藉口不去找更好的工作、過度消費、投資高風險項目、拖延不去做那些或許能改善財務狀況的事，反而去做一堆可能導致遲遲無法達到財富渴望的事。然而就算你能意識到自己的阻礙，想要清除可能也是一件難事。即使你現在的人生十分順遂，這些負面的阻礙還是會對你的行為產生深刻影響，很可能一下子就翻轉你的處境。

范德堡大學的一項研究發現，痛苦所帶來的影響比快樂更強烈。其他研究也顯示，負面情緒的影響通常比正面情緒更持久，也更不容易清理，而正面情緒則比較容易消散。恐懼、懷疑、內疚等情緒會深藏在你的潛意識當中，當情況改變時，愉快的正面感受可能很快就消失，但負面情緒會停留在你的心裡，提醒你之後要避免重蹈覆轍。就像朋友跟你分享他的創業計畫並邀請你加入時，你可能覺得很興奮，回家後還迫不及待地滿懷願景，認為這是個好機會，剛好可以擺脫毫無前途的工作，做自己一直夢想的事。但是隔天早上，父親過去創業失敗導致家裡經濟拮据的記憶浮現，讓你突然猶豫不前。儘管這次的機會比你父親當年的條件好得多，而且成功的機率很高，但是你最初燃起的熱情可能已經被過往的慘痛記憶所澆熄。

或者，當你聽到別人大力讚揚你的才能，建議你應該把握機會運用你的天賦從事更有成就感的工作時，你會覺得躍躍欲試，迫不及待地想要開始下一步的行動，因為這正是你一直想去做的事。但是這種興奮激昂的感覺可能很快就會被潛意識中的負面記憶籠罩，你想起過去曾有人說你永遠成不了大器，不必妄想去追求什麼夢想。所以就算你多麼

渴望帶著這份欣喜往前邁進，內心的自我懷疑與害怕失敗的恐懼可能就這樣抹滅了所有正面感受。於是，你選擇靜待機會降臨，而不是積極追求更有「錢」景的職業，然後揣想著是否還能找到更滿意的工作。

無論是在童年的家庭裡，還是長大以後的生活中，大多數人都曾在金錢方面有過負面的經驗，因此金錢大概是最難透過吸引力法則實現的目標。你在金錢方面的情緒包袱越重，就越難獲得或留住自己想要擁有的財富，無論你做了多少努力都一樣。所以「我為什麼不能更有錢」的答案，就隱藏在你的潛意識中。

根據神經科學的研究指出，人類大腦中只有約百分之十五屬於意識範疇，而留存了你所有的習慣、信念與記憶的潛意識，則占了百分之八十五。布魯斯・立普頓（Bruce Lipton）博士在其所寫的《信念的力量》（*The Biology of Belief*）一書中曾這樣描述：「潛意識的運作比意識的處理能力高出一百萬倍。」那麼，你為什麼沒有更多錢呢？那是因為你對於賺更多錢的正面念頭，與你更為強大的潛意識觀念相抗衡並產生衝突，這也使得想要覺察並清除干擾你擁有更多財富的阻礙，變得更加困難重重。

嘴上說的或心裡想的與潛意識阻礙之間的內在衝突，使得人們對於自己的行為感到困惑。他們不明白自己為什麼遲遲不採取行動，不去做那些可以賺更多錢的事，或者不願意設定明確的目標。讓他們同樣不解的還有為什麼光想到要求加薪、提高收費，或是獲取與付出相應的報酬，就會感到害怕與焦慮。這些內在衝突就是導致精通財務的金融

專家（如註冊會計師）在個人財務上做出災難性的決策，或是某些人在名利雙收後卻變得一無所有的罪魁禍首。

舉例來說，珍是一位會計師，她在聽了我的演講之後來找我，自嘲說自己是個「笑話」。她學生時期成績優異，客戶也認為她對財務很有一套，但她在自己的個人理財上卻頻頻失利，感到非常沮喪，也疑惑為什麼會這樣。在我演講的時候，珍回想起她的母親總說女人不應該懂太多金錢的事，這樣會讓男人產生威脅感。諷刺的是，珍成為了一名會計師，但在個人生活方面，她發現自己不知不覺成長為母親期待的模樣。那一刻對她來說是一個關鍵的轉捩點，她不但清除了阻礙，也大幅改善了自己的財務狀況。

你可能非常確定自己想要達成的財富目標，卻不明白為什麼始終無法如願。這很可能是因為潛意識中的阻礙讓你降低期待，不敢要求自己能夠也應該獲得的財富。當你發現自己總在無意間破壞設定的財務目標，卻又不知道原因時，難免會感到灰心氣餒。這是因為潛意識中的情緒綁架了你的選擇自由，讓你被禁錮在無形的枷鎖之中。你在金錢方面存在著某些特定的阻礙，我將在後續的章節教你如何把它們找出來。你擁有選擇想做什麼或想擁有什麼的自由。讓我幫助你實現你的財務願景。

我將解釋人們常見的各種阻礙，好讓你能夠找出自己的。這些阻礙有時候難以察覺，尤其當它們牽涉到痛苦時更是如此，但是找出它們會幫助你了解自己為什麼無法擁有更多錢。你的大腦可能會為了保護你

而隱藏這些阻礙，你需要做的，就是學會把它們找出來。只要你找出它們，就可以將它們逐一清除，減少阻力。釋放這些阻礙，才是通往自由與財富的真正關鍵！

第二章

敲打法入門

　　我希望你能停止問「我為什麼不能更有錢？」這個問題，而是開始採取行動來改變財務狀況。在前言中，我提到可以運用敲打法來清除使你無法擁有更多錢的阻礙。只要你學會如何運用這個其實非常簡單的方法，並覺察使你抗拒財富的阻礙，就能擁有清除阻力的強大力量。假如你從未聽過敲打法，那麼請做好準備，一窺這個看似奇特且跳脫傳統的方式。敲打法是一種心態調整技巧，經常被用來克服限制性信念、恐懼、自信問題，甚至包括創傷後壓力症候群和焦慮。

　　敲打法是相當強而有力的身心技巧，能夠清除讓你無法實現渴望的情緒阻礙。當我解釋這個方法時，你可能會覺得它不太可靠，甚至有些荒謬，但當你看到結果後，很快就會改變想法。而且，它背後是有科學根據的，已經有超過四十項臨床試驗證實，敲打法對於創傷後壓力症候群、焦慮，甚至恐懼症都有顯著療效。由於敲打法能幫助你觸及潛意識，因此能夠清除潛意識中使你無法實現渴望的阻礙。如此一來，吸引力法則才能充分發揮作用，讓你更自由地獲得渴望之物。而最有力的證明，就是親自試試看！

為什麼需要敲打？

敲打法是一種用來療癒情緒的技巧，又稱為「情緒釋放技巧」（EFT）。其源頭可追溯至一九八〇年代初期，由羅傑・卡拉漢（Roger Callahan）所創立的「思維場療法」（Thought Field Therapy，TFT）。在此基礎上，蓋瑞・克雷格（Gary Craig）於一九九〇年代將其加以簡化並推廣，逐漸發展為今日廣為人知的 EFT。這項技巧最初是用來治療恐懼症與嚴重的創傷後壓力症候群，因為它可以有效抑制某些記憶。它已成功幫助退伍軍人以及種族大屠殺的受害者緩解創傷後壓力症候群。敲打法能夠降低引發限制性信念、恐懼和過往記憶的負面情緒，這些情緒會在潛意識中阻礙你追求內心的渴望。當你清除這些阻礙，就能擁有情緒上的自由，進而讓美好的事情發生。

敲打法已經被廣泛運用在不同領域，並且有成千上萬個案例證實它的成效，許多其他方式無法解決的問題和狀況，都能靠敲打法得到改善。我的專長就是使用敲打法幫助致力於成功的人，讓他們掙脫無法開展事業、實現使命或累積更多財富的阻礙。許多人對於我在商業人士和企業家身上運用敲打法感到驚訝，但是這些領域確實需要這項技巧，因為人們在面對金錢時往往並不理性。即使你沒有察覺，情緒反應也可能非常強烈。

敲打法是基於針灸原理所發展而來，針灸已有數千年歷史，常被用來疏通經絡和療癒健康問題。人們後來發現，如果用指尖輕輕敲擊穴

道的位置，就能轉移潛意識中阻礙我們實現渴望的限制性信念與負面情緒。醫學界目前也認為人體內遍布著電流能量系統，這種系統在東方哲學中被稱為「經絡系統」，其中的能量則稱為「氣」。如果氣能順暢地沿著經絡流動，便能維持身體自然的健康狀態。而針灸能夠藉由刺激經絡上的穴位來疏通能量，讓氣重新恢復正常流動，維持身心健康。也因為如此，針灸的受歡迎程度不斷地提升。

這個體內的電流能量系統，在西方醫學中與「戰或逃」的自律神經系統，也就是交感神經系統有關。當你開始輕敲特定穴位時，就如同啟動了使電路中斷的開關，進而關閉你對某個念頭的自動反應。這個念頭可能是一段回憶、一件讓你害怕的事、一筆帳單，或是一個憤怒或悲傷的情境。它也能關閉與某些感受有關的自動反應，例如當你需要和老闆討論一項棘手事務，或必須應付一位你不喜歡的人時，輕敲會中斷你的念頭與自律神經系統反應之間的連結，使各種負面情緒逐漸消散，讓整個人變得更為平靜。從生理層面來看，它能緩和負責壓力反應的交感神經系統，並啟動負責放鬆反應的副交感神經系統。

我們對涉及金錢的各個層面都帶有許多情緒，我常與一些以處理他人財務為生的人合作，例如註冊會計師、財務規劃師和其他財務專家，他們的專業是協助客戶有效管理資金，但是在牽涉到自己的財務時卻變得情緒化，個人所有的限制性信念也隨之浮現。情緒狀態、限制性信念、過往記憶和創傷，往往會對人們的財富和成功產生極大影響，而敲打法是清除這些阻礙最有效的方法。

敲打法適合你嗎？

若不曾體驗過敲打法，你可能會懷疑是否值得一試，尤其如果你從未接觸過任何另類療法或能量療法，更不會相信它的效果。但我的答案永遠是信心滿滿的「絕對可以！」你不必相信它有效，只需要先嘗試看看，然後親自感受它的效果。我必須承認敲打法看起來確實有點古怪，但是它的成效已經過多次的臨床證實，而且許多個人成長與成功領域的頂尖專家們都是敲打法的使用者，像是激勵演說家傑克・坎菲爾（Jack Canfield）、潛能激勵大師安東尼・羅賓（Anthony Robbins）和激勵演說家哈福・艾克（T. Harv Eker），因為敲打法確實能有效推動人們向目標前進。

敲打法曾獲得醫學博士狄帕克・喬布拉（Deepak Chopra）的公開認可；演員琥碧・戈柏（Whoopi Goldberg）使用敲打法克服她的飛行恐懼；企業家理查・布蘭森（Richard Branson）更將敲打法納入維珍航空的「無懼飛行」計畫中。學習敲打法的理由還包括：

- 任何人都能學會。
- 不需要花太多時間就能掌握技巧。
- 只需幾分鐘就能進行。
- 完全免費（不過有些人認為與專業人士合作會更有幫助）。
- 隨時隨地都可以進行。
- 能快速產生顯著效果。

我將透過本書引導你藉由不同的敲打練習，清除使你無法賺取理想收入的阻礙。在這過程中，可能會迫使你檢視一些不太愉快的事，但也將因此幫助你釋放這些束縛，邁向更穩健的財務前景。

敲打的穴位

敲打法很簡單！使用兩根（或多根）手指輕輕敲打穴位，同時表達出你的感受，所以敲打法也被稱為「情緒指壓按摩」。你可以使用任何一隻手或雙手同時敲擊，只要你能刺激這些穴位，無論使用哪隻手或敲擊身體的哪一側都可以。人體上有許多穴位，我接下來會介紹最常用的幾個。如果你觀看不同的敲打法影片，會發現大家使用的穴位略有不同，但都能帶來效果。假使你覺得哪個穴位不容易敲擊（像是腋下），請直接跳過，因為敲打法怎麼做都不會出錯！假如你跟隨我的引導進行，卻發現其中描述的情緒與真實感受不相符，那也沒有關係。你說的任何話都不會造成傷害。

敲打法通常從「設定」開始，這個步驟是為了調整你的能量，使其保持在最能接受敲打練習的狀態。首先，請輕敲手掌外側稱為「空手道劈掌」或手刀的中間點位置，任何一手都可以，你可以用數根手指一起敲擊，以確保準確敲到這個點。在輕敲的同時，請連續說出一種負面感受、情緒或信念，讓自己的注意力集中在這個感受上。每一次說出的都要與前一句相關，通常會是以下這樣的句型：**「雖然我感到**

＿＿＿＿＿＿（負面情緒），但我仍然＿＿＿＿＿＿（正面聲明）。」例如：「雖然我對即將要付帳單感到非常焦慮，但我仍然肯定自己的所有感受。」這個步驟的目的，是為了讓你更深入感受到自己需要釋放的情緒。有時候你不需要經過設定的階段，就能直接進行輕敲並說出自己當下的感受。我在本書的敲打練習中，有時會包含設定的步驟，有時不會。正如我所說的，敲打法怎麼做都不會出錯！

我使用的輕敲穴位和針灸師常用的相同，但我們不需要用到針，而是透過輕敲產生微量電流，來改變體內和神經系統的狀態。我會使用八個主要的敲擊穴位，眉頭是第一個位置。你可以參考圖片找到正確的位置，然後是輕敲的順序：

- 眉頭：眉毛內側的起始點。
- 眼尾：眼睛外側骨頭邊緣。
- 眼下：眼睛下方骨頭的正中央。
- 人中：鼻子與上唇之間的位置。
- 下巴：下巴中間的凹陷處。
- 鎖骨：找到脖子底部正中央的凹陷，沿著兩側鎖骨斜下方移動找到的凹陷處。
- 腋窩下方：腋窩下方約十公分的位置。
- 頭頂：頭頂的正中央。

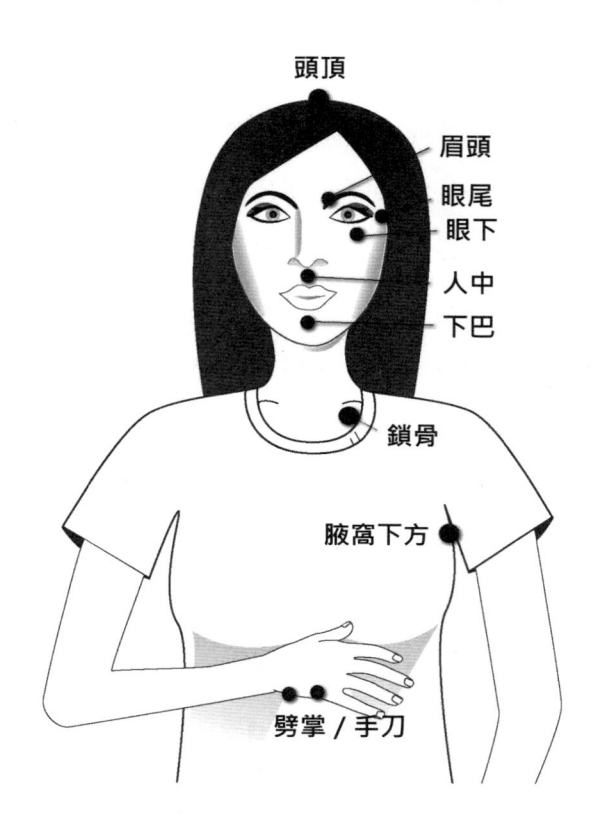

頭頂
眉頭
眼尾
眼下
人中
下巴
鎖骨
腋窩下方
劈掌／手刀

這幾個是我認為最有幫助的穴位，有些人會從頭頂開始，其實任何順序都有效，所以如果你的順序有點不一樣，也不必擔心。

敲打時該說什麼？

想要達到敲打法的最佳效果，關鍵就在於透過言語表達出你可能感受到的負面情緒、限制性信念以及強烈抗拒的感受，這些通常是你想要做出改變時，潛意識中會出現的感受。我將在接下來的章節中，引導

你與這些感受連結，一旦你意識到自己的抗拒，就可以開始一邊輕敲穴位，一邊表達你的感受。說出口時情緒越強烈越好，因為這正是你需要釋放的情緒。因此，我希望你能傾注所有的情緒去感受這些話語。有時候刻意誇大表達自己的感受會帶來幫助，因為這樣可以觸發你可能忽略的情緒。

我在大多數的章節裡都會提供例句，等你對這個技巧越來越熟悉之後，可以換成更符合自身情況的語句。建議可以先用我的例句進行一回，如果你想清理某個帶來強烈負面情緒的問題，不妨多做幾回。大多數的例句包含了負面與正面兩個部分，當你覺得自己的負面情緒趨緩了，就可以進入正面的敲打練習。

我將在整本書中引導你如何運用敲打法，來清除使你無法獲得更多財富、個人力量和成功的最大阻礙。這是一個非常強大的工具，它能幫助你在財務及其他方面做出有效的改變，而且你也會清楚地感受到這些改變發生。

第三章

金錢的五大類別

人們往往把所有的金錢問題混為一談，但事情可沒那麼簡單。我將金錢歸納出五種不同類別：**收入、存款、負債、收入與財富目標、有毒金錢**。每一個類別都反映出你在處理和管理金錢與財富的不同面向。我們必須分別檢視這些類別，因為每一類都會引發一系列獨有的感受與信念，並在進一步檢視時，揭露出自童年以來就深植心中的觀念。在這一個章節中，我將概述這五種類別，幫助你辨識它們在生活中所扮演的角色，並在接下來的章節中深入探討。

金錢不等於豐盛和富足

在討論金錢的五種類別之前，我想先說明一點，我不會使用「豐盛」和「富足」這兩個許多書籍和工作坊中常見的熱門用字，因為它們並不是具體的金錢類別，也對辨識你的財務阻礙毫無幫助。所謂的「豐盛」和「富足」都是籠統的概念，兩者經常出現在自我成長和吸引力法則領域，並被用來當作財富的代名詞，但這些名詞與收入、負債、帳單

支付等實際的金錢處理方式並無直接關聯。況且「豐盛」或「富足」只是抽象概念，大多數人應該不會認為它們和財富阻礙之間有什麼關係。

我認為人們經常使用這兩個字來逃避我將在接下來的章節中引導你進行的事：深入了解自己對金錢的真實感受。「豐盛」在我們被賦予的認知當中，應該包含所有非物質上的富裕，包括健康、家庭、友誼、愛和快樂等等。這樣的說法聽起來很美好，甚至能讓你對自己沒錢花、沒存款、沒錢繳帳單或沒錢投資的「窮」境暫時感到心安。然而這樣的思考邏輯，可能會妨礙你積極採取行動來改善自己的財務狀況。

追求非物質上的豐盛並沒有錯，只不過這樣的心態有時候可能會讓你對「想賺更多錢」的想法感到不屑，或者讓你偏離創造財富之路。追求「豐盛」常被視為偏靈性的思考方式，而專注於賺更多錢則顯得有些膚淺，感覺好像不懂得珍惜當下所擁有的一切。所以如果你的目標是賺更多錢，就有可能會引發罪惡感。但是你不太可能只靠形而上的「豐盛」來繳帳單，況且你要是付不起，那就更沒辦法提升期望的生活品質。

所以如果你真的渴望擁有更多錢，就需要直接專注在增加金錢數額的目標上。你當然可以對其他形式的豐盛心懷感激，不過當你想要的是增加錢財，就應該把注意力集中在金錢上。畢竟你可以感謝上天賜予的一切，同時下定決心傾盡全力創造更多金錢，以大幅改善你的財務狀況。

收入

　　金錢的第一種類別是收入，也就是你賺得的錢。收入是我們用時間和精力換來的報酬，也是生活上的直接金流。它代表的是生存，也代表了我們在精力、時間、培訓和經驗上的自我價值。當你想到自己的收入時，可能會觸及並引發自己在社會上求生存的想法和情緒。你的收入象徵從小被灌輸的自我價值，關係著你的未來是出人頭地還是勉強維持生計，也象徵著你的經濟地位。所以，請思考以下的問題：

- 我是不是只能勉強維持生計，過著入不敷出的生活？
- 我家雖然是中產階級，卻總覺得錢不夠用，無法負擔改善生活品質的事物？
- 我的收入雖然足以應付日常開支，卻總是在月底前就花得一乾二淨？

　　收入除了代表你正處於「生存」和「成功」的哪一端之外，也象徵著你對於自己在個人與專業方面的價值認定。雖然這個價值會受到外在因素影響（例如：就業市場對工作能力、經驗和教育的需求等），然而主要的關鍵仍在於你個人以及人生經歷。你對自我價值與工作價值上的自信，才是決定你收入多寡的關鍵。這也解釋了為什麼有些人就算缺乏正規的教育訓練，還是能夠功成名就，而許多人即使具備文憑和

證照，卻難以要求或得到與自身價值相符的合理薪資。

很多人可能會不以為然，畢竟薪資是由公司或職位所決定。但一樣在同一家公司上班，有人領的薪水卻比較高，原因就在於他們具備獨特的價值。所以，如果你認為自己沒什麼價值，你的潛意識就會讓你永遠領低薪，或者需要多付出好幾倍努力才能賺到錢。你或許可以把自己的經濟狀況歸咎於他人或外在因素，但如果你想增加收入，就得停止那麼做。事實上，你的收入也反應了內心深處所抱持的自我價值，這個自我價值的設定來自於從小被灌輸的感受和信念。假如你突然賺取比內在的自我價值設定還要更多的錢，你的潛意識會讓你花更多的時間辛勤工作，甚至會自我破壞或犧牲自己來讓整件事變得公平合理。

黛安是一位銷售主管，她的收入很高，卻長期處於精疲力竭的狀態，她不明白自己為什麼總是得比其他人多付出三倍的時間和努力。黛安說父親是她心目中的英雄，他從小就時常對她說：「妳必須努力工作，還要追求完美。」黛安的父親一生都在美國企業界工作，也以自己的冗長工時為傲。我問黛安她覺得自己需要工作多長的時間，才值得目前的高薪？黛安回答：「大概一週工作六十個小時。」接著還補了一句：「我覺得這樣才公平。」

當黛安意識到這個矛盾的邏輯之後恍然大悟，只是她不知道該如何改變自己對工作時數與公平感之間的想法。雖然黛安經常抱怨自己長期過勞，身體都被搞壞了，但她內心深處仍然認為這樣很「公平」。我進一步提出挑戰，問道：「假設你可以善加利用之前爭取大客戶所付出的

努力，只需要再多投入百分之二十的努力，而且不用多花一倍的時間，就能爭取到另一個大客戶，讓銷售獎金加倍。在工時沒有加倍的情況下拿到雙倍報酬，你覺得公平嗎？」黛安回答：「當然不公平！」

我在對話的過程中發現，黛安會想方設法拖延工作進度，直到每週的工作時數達到六十個小時，她的潛意識行為讓工作變得更耗時，有時甚至會忽略可以更快成交的銷售方式，好確保自己付出的時間配得上收入。她經常疲憊不堪，變得缺乏條理，不但經常遲到、忘東忘西、懷疑自己，還過度尋求認可。這些狀況進一步拉長了她的工作時間。意識到這一點讓黛安的生活整個改變，她開始正面挑戰自己的舊有信念，並建立了新的信念：「聰明工作，而非辛苦工作。」在這樣的信念下，黛安憑藉著本身的聰慧、組織能力和行動力，讓工作變得更簡化、更有效率，也使她成為業績頂尖的業務代表，而且每週只需要工作三十五個小時。

每個人對自己付出的時間、精力、智慧、教育程度和專業訓練，以及賺取收入需要付出的時間，都有一個價值交換的概念。如同黛安的例子顯示，我們在思考收入時，會觸發生存與自我價值的情緒。若是能夠理解這之間的相互關係，就能擁有改變的力量。

存款

金錢的第二個類別是存款。就算你的收入豐厚無虞，如果沒有任

何存款,還是很有可能隨時陷入財務困境。存款可以提供一個因應突發狀況的緩衝,並增加安全感。當你意識到自己或許會有意外的開銷,但卻毫無存款時,勢必會覺得很難安心。擁有存款讓你在財務上感到放心、安穩,同時也能減少焦慮。和對收入的念頭類似,若是想到自己少少的存款或沒有存款時,會引發一系列的情緒、限制性信念,以及過往與金錢相關的創傷,造成你在日常生活或其他方面缺乏安全感。

擁有存款代表你已經超越單純「求生存」的階段,擁有了做決定的自由,能夠根據自己的興趣、喜好和心情來做選擇,不再因為收入的限制而限縮自己的期望。若是少了存款這張安全網,可能會產生巨大的焦慮與哀傷,甚至是失落,也很容易喚起過往的記憶,回想起自己或父母在財務上曾經歷過、至今仍然耿耿於懷或後悔不已的重大損失。

沒什麼存款或一點存款也沒有,可能會讓你聯想起某個時刻,那時的你失去了某件重要的東西或重要的人,或者在某種程度上覺得被剝奪了自由,甚至可能觸發你曾經「迷失自我」的情緒。這些過往的重大失落,可能也是你缺乏財務安全感的根源,因為缺乏存款會引發同樣的失落情緒,覺得被遺棄或是感覺完全無依無靠,這些強烈的負面情緒都和實際的存款帳戶有關。開立存款帳戶不是一件難事,但假使你的情緒與過去的創傷一直糾纏在一起,實施起來就變得格外不容易。

潔西卡來參加工作坊時,整個人帶著身為成功銷售員的自信,她充滿活力,迫不及待地想要實現自己的高薪目標。不過當我們討論到存款時,她瞬間像洩了氣一樣。我請學員們想一下目前自己帳戶裡的存

款金額，並寫下與此相關的任何念頭或感受。潔西卡立刻顯得極度焦慮和恐慌，因為她腦中浮現了「這樣不夠！如果情況變糟了，我該怎麼辦？」的問題。這個念頭猶如當頭棒喝，因為她完全沒有任何存款。

在透過敲打法減輕潔西卡的焦慮和恐慌後，我問她對於自己零存款還有什麼其他感受。潔西卡流下了眼淚，她提及九年前自己曾有一位伴侶，當時兩人正準備分手，但是對方卻罹患了癌症。出於同情與道義，她選擇留下來照顧他，並放棄了原本搬到紐約和開創新事業的計畫。當對方的病情惡化時，潔西卡甚至辭去了工作。最後他的錢因治病所剩無幾，而她為了幫助他，也耗盡了自己的積蓄，因為她不忍心拋棄一個自己曾經愛過的人，不能眼睜睜地見死不救。

為了照顧對方，潔西卡不但身心俱疲，財務狀況也陷入困境。雖然伴侶的離世讓她感到悲傷，但內心對這個男人的怒氣和埋怨遲遲無法釋懷，因為他的病破壞了她的生活與財務規劃。每次只要想到自己沒有存款時，所有的失落、悲傷、被迫做出的選擇以及憤怒，全都會席捲而來。所以她在這九年裡選擇逃避，不去想、不去關心，也不願做任何財務規劃，甚至隨意揮霍賺到的豐厚獎金。為了避開這些負面情緒，潔西卡一直刻意忽視存款規劃。

在透過敲打法清理了過往情緒之後，潔西卡覺得她已經可以面對存款這件事。幾天後，她告訴我已經與銀行的理財專員見面，並且設立了一個將部分薪資自動存入帳戶的存款計畫。潔西卡驚訝地發現自己整個感覺輕鬆了許多，而且看著存款數字越來越多，更是讓她充滿鬥志。

她每天都會登入帳戶好幾次，只是為了查看餘額，雖然覺得有點好笑，但是這麼做讓她感到非常快樂，覺得自己擁有了掌控權。

就像潔西卡一樣，許多人在面對存款不足而引發的情緒和信念時，最終都會陷入過往的痛苦回憶與哀傷。你可能會因為存不了什麼錢，就認為自己是個不值得信賴、沒有自由也沒有任何依靠的人。如果你是家裡的經濟支柱並對家庭有一份責任感，這樣的感覺會讓人更加痛苦，沒有存款所缺乏的安全感，會讓你覺得像個失敗者，無法為家人提供保障。姑且不論是否準備存錢，光想到這件事就會引發強烈的負面情緒。

負債

金錢的第三種類別是負債。在所有金錢類別中，負債帶來的情緒傷害是最深的。對大多數債務纏身的人來說，只要想到自己的債務，就可能引發內心最黑暗的情緒。人們通常會感到極度羞愧、尷尬、挫敗、焦慮、不安和悲傷。負債可能是潛意識的能量投射，映照出那些關於羞愧與「我不夠好，沒有能力實現財務穩定」的記憶。

身陷負債問題還可能引發和沒有存款類似的內在情緒反應，但負債帶來的情緒衝擊更為劇烈。你可能整天都會想著欠債的事，無論是認真思考如何還債，或是潛意識裡無時無刻地掛念著，都會對生活造成很大的影響。除了每次只要想到這些債務就會引發強烈的負面情緒外，也有很多人因此常常在半夜驚醒，腦海中不斷想著這些負債可能帶來的

可怕後果，因而感到焦慮不安。負債還可能讓人產生負面的消極自我對話和自我否定，例如「我是個失敗者」或「我不配得到快樂」。

由於負債會帶來許多負面情緒，因此是人們最常選擇逃避、不願意直接面對的金錢類別。在當今社會中，人們普遍認為提及負債問題幾乎等同於承認自己在財務上的失敗，是一件丟臉的事。因此很多採用吸引力法則的人，都將目標放在正面思考和聚焦於富裕上，卻很少考慮到負債導致的負面能量、情緒或信念，也會影響他們的積極目標。

從正面的角度來看，如果欠債了，表示某家金融機構或某個人信任你，願意借錢給你。如果你希望吸引力法則能夠發揮作用，不妨對欠債這件事抱持正面的想法，試著換個角度思考：「有人相信我所以願意借錢給我，我也盡可能地努力償還。」試著用正面的心態提升你的能量，像是用積極進取的態度對自己喊話：「我是一個誠實正直的人，而且絕對守信用！」並非所有的負債都是壞事，我們都有需要借貸的時候，只要能夠用正面的態度來看待，借錢時有正當理由，也能按時還款，反而還可以提升個人的信用等級。

然而，就如同思考收入可能會引發焦慮一樣，想到自己負債時，通常更容易讓人陷入低潮。即使負債本身並不一定是件壞事，但是這些強烈的情緒和信念可能會導致一場財務風暴。因此，處理與負債相關的情緒、限制性信念，以及你個人對負債的定義，或許才是人生與財務規劃上最關鍵的轉變因素。

傑夫在幾個月前結束了因夢想開設的餐廳之後來找我，因為他在後

來的求職面試上遇到了困難，並認為這和自己失去自信有關。我問傑夫覺得自己最大的心理阻礙是什麼，他坦承餐廳倒閉造成的負債問題，使他覺得自己是個失敗者。他說當初買下餐廳之後，隨即意識到自己被賣家誤導，低估了重新裝修的費用，也誤判了餐廳的營收潛力。即使如此，他仍然保持信心，相信在妻子與岳父的支持及自己的努力下，必然能夠讓餐廳獲利。

　　傑夫情緒激動地分享一家人辛苦經營餐廳五年的心路歷程，除了每天長時間的勞累工作，為了維持餐廳的營運，還賠光了積蓄和退休金，最後不僅失去了事業和錢財，還背了債務。這讓他充滿羞愧、悲傷和自責。每當憶及這些事，傑夫就會想起妻子和年邁岳父為他所做的犧牲，以及自己如何讓全家人變得一無所有。他認為自己毀了家人的人生，更因此自責不已，覺得自己為什麼會愚蠢到被不誠實的賣家欺騙。他一再懊悔地說：「我當初應該要知道才對！」

　　傑夫認為自己是個糟糕的生意人，既天真又無知，還犯下了不可原諒的錯誤。他不認為自己還能重拾信心。在透過敲打法清理了傑夫因為過去犯下的錯誤所產生的強烈負面情緒與自我批判之後，他終於能夠領悟到那段經歷其實讓他變得更有智慧，成為更有見識的商業顧問。他對創業失敗這件事的感受，也從羞愧到開始在訪談中侃侃而談，展現出他對顧問工作的熱情。傑夫從失去餐廳的內疚和負面情緒中脫困而出之後，不但他的人生重獲曙光，也很快地就把負債還清了。

收入與財富目標

金錢的第四個類別和收入與財富目標有關，我之所以將它列為金錢的其中一種類別，是因為當你設定收入目標時，會引發一連串不同的情緒、限制性信念與恐懼。事實上無論你目前的收入高低，這個目標都反映了個人內心對付出的時間與自我能力的價值觀，因此當你試圖設定更高的收入目標時，內心就可能會產生抗拒。

即使你已經擁有不錯的成功基礎，仍然可能為設定想賺更多錢的目標感到遲疑。史黛芬妮是一位炙手可熱的網頁設計師，因為想突破更上一層樓的阻礙而來參加我的工作坊。她從事目前的工作已經四年了，但每年的收入都停滯不前，所以希望能想辦法有所進展。我請每位學員來工作坊之前，先根據各自的行業設立一個理想中的收入目標，我也特別提醒大家這個理想目標的數字，不是根據他們認為這項工作可以賺到多少錢來設定，而是他們渴望能賺多少錢。史黛芬妮設定的收入目標只比她現在的年收入多一萬美元，遠低於她實際所需的金額，既無法支付所有帳單，也無法真正享受生活。

史黛芬妮坦承自己剛開始寫了一個非常高的收入目標，但看到那個數字讓她覺得焦慮、不自在，甚至有點厭惡。於是史黛芬妮一次次地降低數字，直到最後跟她目前的收入差不多，才讓她覺得可以接受。當我詢問史黛芬妮在寫下收入目標時，實際感受到哪些負面的念頭，她列出了一長串，其中最主要的是「這根本不可能」，接著是「我根本不知

道該如何達成這個目標」。這兩個負面信念相當強烈，甚至轉化成「如果我真的設定這個目標，很可能會失敗」。

史黛芬妮在潛意識中認為，承諾一個看似不可能達到的目標，只會讓自己陷入失敗、失望和尷尬之中。而在場的大多數人也有同樣的感受！在帶領大家透過敲打法來削減這兩個強烈的信念之後，隨即出現第三個信念，觸發了悲傷的情緒：「我大概得拚死拚活地工作，忙到和家人見面的時間都沒有才可能做到。」對史黛芬妮而言，她原本寫下的目標不但代表著對失敗的恐懼，還有變成「不稱職母親」的擔憂。然而，如果她想要獲得更大的成就，就必須追求更高的目標。史黛芬妮最後學會利用敲打法來清理限制性信念，讓她能夠為自己的遠大目標激發出全新想法，並帶著激昂的熱情跨出追求夢想的步伐。大約一週後，史黛芬妮發來電子郵件，表示她重新調整了自己的目標，這次她選擇將目標數字提得更高。

設定收入目標是改變財務狀況的第一步。每一本探討成功學的書籍都一再強調設定目標的重要性，但大多數人會避免設立明確的目標，因為一旦出現了數字，情緒與限制性信念也會開始湧現。如果你是自由業者或擁有自己的事業，不設定收入目標可能會讓你損失最多金錢。若你是被聘用的員工，可能會認為設定收入目標根本沒用，因為你的薪資多寡不是自己所能決定。但事實是有無限種方式能讓你的收入翻倍，甚至跳增三、四倍。這種事時時都在發生，所以也可能發生在你身上，前提是你願意接受這個可能性。

有毒金錢

我將金錢的第五個類別稱為「有毒金錢」。你的人生中或許沒有這類金錢，但如果你擁有了，它應該是最讓人感到無力的財務阻礙。有毒金錢指的是你為了生存不可或缺，但必須付出負面情緒代價或承受內心衝突的金錢。這筆錢通常來自你想擺脫卻不得不依靠的來源。舉例來說，如果你迫切需要應得的贍養費，但支付方卻心懷憤怒與怨恨，你就會被迫陷入受害者的角色，不斷證明自己需要這筆錢才能生活，或者反駁那些認為你不需要這筆錢的質疑。

依賴這樣的金錢會讓你將金錢與憤怒、內疚、衝突連結在一起，也可能因此讓你對金錢的感受變得負面。爭奪遺產也是，當一個人覺得自己理應獲得某筆金錢，卻在不公的情況下被剝奪，例如遭受霸凌或被迫成為受害者，那麼這筆金錢就會變得「有毒」。這甚至可能讓你在事後回顧時說出：「自從那一天起，我就再也無法好好賺錢了。」如果這筆錢讓你長期感到無助，無法掌控你認為屬於自己的東西，那麼它就是真正的有毒金錢。此外，當你清楚知道自己需要那筆錢，否則就難以維持生活時，也可能因此產生自我厭惡。

假如處於一段不健康的關係，並依賴對方在經濟上照顧自己，也會形成一種有毒金錢。如果你覺得被困住，需要他們的錢來維持生計或習慣的生活方式，就會累積負面情緒。每當想到自己需要依賴對方、不得不留在這段關係中，就會出現極端的厭惡、憤怒、羞恥和不齒。

而覺得自己需要被照顧、無法獨立自主的依附感，也可能讓這段關係因為長期累積的不滿變得更加惡化。

馬克在辭去一份高薪工作之後，前來尋求我的幫助。他說自己現在都把時間花在休閒娛樂上，沒有積極找工作，也說了很多關於自己的遺產法律糾紛。馬克的父親在兩年前離世，留下了一筆足夠讓他和兄弟姊妹一輩子都不需要工作的遺產，就連馬克的女兒即將就讀大學，也不會有任何的經濟壓力。然而馬克的其中一位手足是一名律師，對遺囑提出異議，聲稱馬克是私生子，應該完全被排除在遺囑與家族之外。對方憑著充足的資金和法律專業，使這場訴訟持續進行。

馬克對於這些指控以及自己被剝奪繼承權的對待感到震驚、憤怒與受傷，他至今仍未走出失去父親的悲痛，當然也對失去父親留給他的遺產感到不公平。馬克的兄長為了將他逐出家門而採取的不公平行為與背叛，讓他相當憤怒。他幾乎面臨破產，也即將失去自己的房子，更無力負擔女兒的學費。馬克說自己之所以沒有找工作，是因為當初他有一份高薪工作，而兄長就是以此為理由，主張馬克不需要也不應該繼承這筆遺產。

於是馬克乾脆辭去工作，隨著他的經濟狀況越來越糟，其他手足反而同情起他的處境，願意為他爭取公道。當馬克越來越落魄、可憐及貧困時，他反而更有可能獲得遺產和戰勝不公的兄長。這場遺產之爭讓他痛苦不堪，他在「想要徹底擺脫這筆有毒金錢和家族」與「想要堅持討回公道，拿回應得的遺產」之間搖擺不定。這整個過程讓馬克的

精力完全透支，根本沒有心力去找工作。在透過敲打法觸及整個事件的各個層面後，馬克終於用比較平心靜氣的態度客觀看待這件事。他隨後決定讓律師全權負責處理訴訟，自己不再和家族進行對話或引起情緒化的爭執。他很快就找到了一份好工作，也找回了內心的平靜。

找出自己所依賴的任何有毒金錢，並開始著手清理與其中負面情緒的連結，不只會改變你的金錢狀況，更會徹底改變你的人生。不過這可能是最難改變的一種財務阻礙，當你認為自己需要這筆錢才能生存時更是如此。要從一段依賴關係或一場財務糾紛中抽身，並全然自由地開始創造更多財富，確實極為困難，因為人們在許多情況下像馬克一樣，認為只要自己的處境夠悲慘，就更有希望拿到應得的補償。

對於想要改善財務狀況而言，清楚了解每一類金錢所觸發的情緒與信念極為重要。當你能夠覺察自己的情緒並辨識出內在的阻礙時，就能夠明確地進行清除，進而達到最好的效果。清除與這五大類金錢相關的阻礙，不僅能夠徹底改變你在財務上可以創造或吸引的一切，同時也會大幅提升你對人生的自主權與掌控感。千萬不要低估這個改變對人生的影響，當你開始清除財務阻礙時，或許會覺得自己處理的只是金錢方面的問題，但它對整個人生的影響將遠遠超出你的預期。

第四章

你對財富的真實感受

　　你有多渴望擁有更多錢？是否深切渴望到願意深入自己的內心，挖掘出究竟是什麼在阻礙財富流向你？是否嚮往到願意面對埋藏多年的情緒，願意誠實揭露自己對金錢的真實感受？坊間有無數的理財叢書以及談論財務規劃的各種電視節目和研討會，但還是有許多人感到疑惑：「我為什麼不能更有錢？」即使眼前有無數的資源和工具能夠幫助我們改變財務狀況，大多數人卻還是無法真正落實所學。這是因為行動是受到當下的感受和情緒所驅使，未來的渴望或嚮往在當下無法產生任何動力。

　　情緒為行動帶來動力，它凌駕了邏輯、實事求是、原則和智慧。倘若你對某件事沒什麼特別的感覺，就能夠用邏輯、理性和深思熟慮來行事；但若是充滿感情，就會受到情緒的影響。而和金錢相關的記憶、信念與思維模式，會產生強烈的情緒，這些情緒左右了你的每個行動，甚至造成你對增加收入、累積存款和減少負債的行動敬而遠之。這也是為什麼許多財務專家能幫客戶精準管理資產，但自己的財務狀況卻一團糟，甚至負債或入不敷出。原因就出在他們對於客戶的財務能夠保

持理性並充分發揮所長,但管理自己的財務就完全不是那麼一回事。

雖然忽略自己對金錢的感受可以讓你持續待在舒適圈裡,但誠實面對自己的感受無比重要。只要意識到自己的感受,你就能重新掌握賺取更多財富的能力。首先,你需要找出與金錢相關的情緒傷痛,然後進行清理。遺憾的是,大多數人並不願意去回顧這些傷痛,也不知道該如何處理。然而這是改變財務狀況的重要第一步,也是增加財富的關鍵。

我的首要目標是幫助你覺察內在與金錢相關的情緒,以及這些情緒如何環環相扣地連帶影響你的財務狀況。你的真實感受(通常隱藏在潛意識之下)幾乎決定了你賺取和管理金錢的每一個層面。

測試你的金錢情緒

想要回答「我為什麼不能更有錢?」這個問題,需要你突破意識的表象,深入探究自己內在最底層的真實情緒。第一個練習將帶領你主動覺察影響財務狀況的內在情緒。畢竟如果覺察不到問題的存在,就無法改變它。請抱持開放的心態,這項練習將幫助你開始發現「為什麼不能更有錢」的真正原因。

測試你的金錢情緒

請在一張白紙上寫下你目前收入的實際數字，書寫的字體要大一點。若你正準備開始創業或計畫從一份平凡的工作轉換到真正熱愛的工作，也請寫下你期待這份工作的目標收入，因為這份工作是你最想發展，也是未來最大的收入來源。若你目前只是兼職以支付開支，也請寫下你想要增加的收入。

請專注在你寫下的數字，然後大聲說：「我每一週／每一個月賺（或會賺）＿＿＿＿＿＿元。」有些人在這個步驟就已經開始對精準的數字感到不自在。接下來，請看著這個數字大聲說：「這樣不夠。」然後深呼吸幾次，感受說這句話時身體有什麼反應。

現在，請寫下這句話帶給你的真實感受。它是否讓你產生強烈的感受？寫下你的感受，並以 1～10 來表示，1 代表非常平靜，10 則代表出現強烈的不安情緒。

我曾帶領全球數千人一起進行這個練習，無論對象是個人還是團體，大多數人的反應都認為當他們說出「這樣不夠」時，真的反應了現實的狀況。許多人說他們一直努力賺更多錢，依然對自己的收入不夠支付生活開銷感到挫敗。而嘗試創業或經營事業多年的人，對於自己的收入特別容易產生負面感受：「我覺得焦慮」、「我感到恐慌」、「我覺得悲傷」、「我感到羞愧」、「我感到憤怒」。這些負面情緒都會導致財務上的問題，就像接下來這個例子。

珍和卡蘿是一對好朋友，她們一起實現了共同的夢想，合資開設了一家天然食品商店。她們是吸引力法則的熱情追隨者，她們閱讀正面思考的書籍、參加各種研討會、製作願景版描繪蓬勃發展的事業藍圖，甚至寫下「目標一百萬美元」作為對未來的期許。然而，在歷經長達十一年的日夜付出之後，生意仍然不見起色，賺的錢幾乎只能勉強應付開銷。當被問及對實際所得的感受時，珍和卡蘿都顯得有些抗拒，尤其不願說出「這樣不夠」這句話。她們解釋那是因為專注在負面事物違背了兩人的信念，她們比較想要重新調整一百萬美元的目標並付出加倍努力，也相信夢想會實現。

　　我溫和地說明找出並清理負面情緒的重要性，若只是一味保持正面思考很難打贏這一戰。我向兩人保證這個練習不會帶來負面影響，反而會產生更多正能量。珍和卡蘿都願意為了對方堅強起來，也願意用積極的態度來面對問題，但當兩人發現彼此在樂觀的表面下都隱藏了許多悲傷與失望時，所有的情緒也隨之而來。她們夢想的事業讓兩人每天都和負面情緒天人交戰：為了維持收支平衡而時刻焦慮與恐懼；為負擔不起的旅行悲傷，對支持自己的家人感到愧疚；希望與夢想幻滅，以及無力改善的沮喪與絕望。

　　珍和卡蘿非常信任我，願意讓我帶領她們重新檢視商店的實際收入。她們對於金錢帶來如此強烈的情緒傷痛感到意外，更驚訝她們有多努力對抗這些感受。她們終於了解兩人為什麼從未公開討論銷售業績與收入，也不曾花時間規劃業務成長的策略，因為面對這些問題的情

緒負擔過於沉重。當她們勇敢承認這一點時，反而感到如釋重負。

情緒與財務的關係

收入是生活中最主要的金流來源，你對它的感受格外重要。也正因如此，要坦然面對收入無法支撐生活或夢想往往並不容易。然而，無論你選擇直接面對真實情緒的影響，或是選擇忽視，它都依然存在，彷彿無法擺脫的沉重負擔。許多人在夜深人靜（尤其是臨睡前）想到自己的財務狀況時會感到強烈的焦慮與不安。任何時候只要涉及金錢問題，無論你試圖壓抑還是克制，都會受到情緒的影響，恐懼、焦慮、慌亂、悲傷、憤怒與挫敗，會在某種程度上觸發你的身體和神經系統。

當這些情緒變得強烈時，就會引發壓力反應（也就是「戰或逃」反應）使痛苦加劇。你可能現在就能感受到這種壓力，以至於想要停止這項練習。「戰或逃」反應是一種本能的原始反應，這個反應機制的目的只有一個：讓你的身體準備迎接戰鬥或逃跑，以確保生存。這股強大的內在驅動力會強化和放大你的感受，形成一種負面回饋循環。雖然我們不再需要為了生存進行肉搏戰，但這項反應機制會牽制我們的心理狀態。許多研究皆明確顯示，當「戰或逃」反應被引發時，我們的想法會變得狹隘，解決問題的能力下降、無法發揮創意思考，思緒可能快速運轉或是變得混沌不清。接著，身體的能量會驟然湧現，肌肉變得繃緊，大腦進入生存模式，開始四處搜尋潛在的危險。當你陷入這

種狀態，就無法完全發揮你的智慧。

每一次領薪水、查看帳戶、支付帳單，或是腦海中閃過財務相關的念頭時，金錢帶來的負面情緒就可能會觸發你的整個神經系統，使其進入「戰或逃」反應。這樣的狀況通常會引發兩種反應：一種是盡可能避免處理或思考和錢有關的事，不願花費時間和精力關注自身財務狀況；另一種是當不得不處理錢的問題時，就會進入「戰或逃」的生存模式。這些負面情緒使你無法理性思考、規劃，也會降低你的創造力、判斷力和效率。你的生存本能機制會向大腦傳遞以下的訊息：

我現在不需要什麼驚人的創意點子，更完全不需要數學能力。我需要的是集中全部精力，讓戰鬥和逃跑的肌肉隨時待命，讓頭腦聚焦在單一目標上，迅速掃描前方，搜尋是否還有更多危險逼近，隨時準備好行動，衝，衝，衝。

如果你還沒有達到自己預期的財務目標，真正的原因是受到與金錢相關的情緒干擾，使你無法賺更多錢，也無法進行有效益的資產管理來增加財富。根據研究顯示，即使只是一個負面想法，也可能引發身體釋放「壓力賀爾蒙」的皮質醇，而壓力會讓你偏離想要步上的軌道。相反地，當你感到快樂、熱情和正面積極時，身體會釋放「快樂賀爾蒙」，幫助你的大腦進入最佳狀態，激勵你採取創造更多錢的行動。

即使你擁有不錯的收入，過去的經驗仍可能引發嚴重的負面情緒，

令你無法享受當下所擁有的一切,甚至影響到身心健康。就以凱薩琳的例子來說,我遇見凱薩琳時,她在生技產業擔任顧問,不但薪資優渥,也有完善的退休計畫。不過,她坦言自己一直對金錢感到焦慮。當我請她寫下自己的收入時,她立刻感到慌張和焦慮,「說不定又會發生什麼事」的念頭一直在她的腦海中不斷浮現。凱薩琳眼眶含淚地對我說出這句話,隨著過去的記憶再次湧上心頭,她的聲音也不禁開始顫抖。

凱薩琳說:「事實就是這樣,從小到大都是如此。」凱薩琳認為無論自己賺多少錢,總是會有突如其來的花費讓她的錢消失,可能是一筆帳單、車子的維修費、醫療費、稅金等等,也堅信這些支出最後會讓她身無分文。所以對凱薩琳來說,不管現在的收入多寡,自己永遠不能放鬆,也時時提心吊膽,因為錢永遠都不夠用。她分享這些想法時的語氣,就彷彿這是無法擺脫的命運。她開始回憶起童年時的事,情緒也跟著激動起來,她說自己的母親從前也一直生活在錢不夠用的焦慮與恐懼陰影之下,所以自己也習慣用這樣的態度來看待生活。

無論凱薩琳與丈夫的收入和財務狀況這些年來如何提升,她仍舊長期飽受焦慮與失眠之苦,不斷擔心某一天會有突如其來的變故,將他們的收入甚至積蓄一口氣吞噬殆盡。這對她的健康造成了影響,為了緩解金錢焦慮,她不得不依賴抗焦慮與安眠藥物。透過敲打法處理這個問題後,凱薩琳當晚一口氣睡了十二個小時,最後是她丈夫把她叫醒,確認她是否安然無恙。隨著壓力和強迫性的擔憂逐漸消退,她終於能夠輕鬆入睡,並真正享受自己創造的財務安全感。

處於「戰或逃」狀態時，你的行動力會受到限制，變得不那麼靈活。你或許會選擇祈禱、更努力，或者透過吸引力法則來獲得更多錢，但真正能影響與改變你的財務狀況的，其實是**你對收入的真實感受**。因為情緒會驅動你的思考與行動，但是忽視情緒並不會讓它們消失，而敲打法能抑制「戰或逃」反應，幫助你清理內在的焦慮與恐懼。所有負面情緒都會阻礙你增加財富，敲打法則是有效的解方。

關閉「戰或逃」的反應

你當然可以大談富裕、成功、無限可能性，甚至奇蹟，藉此掩飾自己對金錢的真實感受，但這就像確認一張購物清單一樣，一點意義也沒有。即使尋求能量療癒師的幫助，學習靈性療法，研讀自我成長書籍，或者參加各種課程，只要你還處於生存模式，就無法讓自己真正敞開心扉，接納無處不在的無限可能性，或是腦袋裡突然靈光乍現的好點子。

你擁有無限天賦，只要好好發揮，就能幫助你想出如何讓收入變兩倍、四倍，或至少稍微增加。重點不在於你現在的收入多寡，而是如何施展你的才智與創意。然而，如果你抱持著「只求日子還過得去」的心態，那我剛才提到的情況就不可能發生。經常有許多人對我說：「我『只需要』可以生活就好」、「我『只想要』付得起帳單」、「我『只希望』能帶孩子去旅行一趟」。我只需要、我只想要、我只希望！你能意識到這些話背後的生存模式嗎？這樣的心態會阻礙你把格局放大，也

讓你無法有效地運用吸引力法則。

　　我想強調的是，「只求日子還過得去」對每個人來說都不太一樣，取決於各自的經歷。如果你在中低收入或中產階層家庭中長大，並在童年時期經歷過匱乏的生活，或者家中每個月的收入只夠負擔生活開銷，沒有其他餘裕，那麼你更有可能對自己的收入產生「這樣不夠」的恐懼或焦慮反應，因為過去的記憶會強化這種感受。如果你從小就在生存模式中長大，你現在很有可能也是以同樣的心態過日子。入不敷出是一種生存模式，被房貸追著跑也是一種生存模式。

　　你有無數機會可以運用你的能量來吸引財富，甚至實現意想不到的奇蹟，然而如果你「只求」日子還過得去，或著「只想要」付得起帳單，甚至「只希望」養活自己，那麼無論你多麼渴望使用那些對其他人有效的工具，在你身上還是起不了作用。如果你想要更有錢，就必須找出自己的生存模式，思考這個生存模式的影響層面有多大，然後再透過敲打法清除讓你無法向前的阻礙。

　　運用敲打法清理恐懼、焦慮、憤怒和悲傷時，這些情緒的強度會在幾分鐘內大幅下降。即使你的收入數字依然不變，但你對這個數字的情緒反應會出現顯著的正面轉變。藉由敲打法來緩解負面情緒，能讓你在面對收入數字時，以平靜的心態來看待，即使收入仍然不夠，也不會產生負面的情緒。你可能會想：「這只是我現在的狀況，我對未來充滿期待，也下定決心讓自己的生活變得更好。」進行敲打法之後，錢這件事將不再讓你感到束手無策。

透過敲打法關閉「戰或逃」反應並緩解負面情緒後，希望、振奮和好奇會重新浮現，甚至更為強烈。當你感受到可能性時，體內的能量也隨之蓄勢待發，讓你得心應手地把所有精力聚焦在創造全新的財富現實。這股能量會讓採取實際行動變得簡單又有趣！當你的正面情緒與目標一致時，你就真正處於能夠增加財富並實現遠大目標的起點。

這正是珍和卡蘿的情況。在使用敲打法緩解兩人對收入的恐慌、焦慮和悲傷後，她們幾乎異口同聲地說：「雖然目前的情況就是這樣，但是我們可以改變，對不對？」珍和卡蘿不斷湧現出許多想法，整個房間充滿了振奮的氣氛。她們首先寫下新的收入目標，雖然不是一百萬美元，但和多年來一直停滯不前的營收相比，已經是一個很好的開始。這個營收目標極具挑戰性，但也讓兩人充滿鬥志。她們一起腦力激盪，思考如何拓展業務，同時致力於改變，再衡量這些改變的影響，這是她們從來沒做過的事。

在她們嘗試許多新方法的幾個月後，新的契機也跟著出現。當她們向同事和供應商分享未來的成長願景後，大家都紛紛表示支持。在大家的共襄盛舉之下，她們舉辦了好幾次開放參觀活動，成功為店裡帶來人潮和客源。隨著她們做出更多改變，店裡的營收首度出現了成長。

寫下你目前的收入並說出「這樣不夠」的簡單練習，會突顯出你的金錢目標和實際財務狀況之間的嚴重落差。「戰或逃」反應會阻礙你採取行動以增加收入。即使你目前還不到窮途末路的絕境，但只要想到錢，你的潛意識就會觸發過往的生存模式，一次又一次地操控你的念

頭，除非你有意識地改變這個連結，情況才會開始有所不同。

現在，請讓我帶領大家認識敲打法的進行方式，並從減少對收入的焦慮和任何「戰或逃」反應的第一回練習開始。在你輕敲這些穴位時，請盡可能誠實地大聲說出自己的所有感受。如果這是你第一次嘗試敲打法，或許一開始會感受到強烈的情緒，但是隨著你透過敲打法釋放這些情緒，你會轉向真正的開放狀態，激發出各種充滿可能性的絕妙想法、興奮感與熱忱。能夠覺察並改變對金錢的真實感受，是改變財務狀況強大的第一步。

接下來，讓我們開始練習用敲打法來清理負面情緒。請再大聲說一遍：「這樣不夠。」然後跟著練習的引導（也可以修改成你的專屬版本，並根據你自己的感受與記憶隨時更換語句），請視情況多進行幾回，直到你不再受到這些情緒影響。敲打時請專注在每一個因為說出「我的收入不夠」所觸發的情緒與念頭。

敲打練習：釋放與收入相關的負面情緒

請輕敲手刀部位，同時說出以下的句子：

雖然我努力保持樂觀，但這個數字對我來說真的不夠。這是我內在最真實的感受。我對這個狀況感到既沮喪又害怕，也對此失去希望。我真的非常失望。我完全肯定所有真實的感受，也願意敞開自己療癒這些情緒，因為這是一種內在衝突。

雖然這個收入對我來說不夠，但我願意接受自己對這件事的所有負面感受。我感到絕望，也感到羞愧。我不應該感到羞愧嗎？所有的失望和恐懼。天啊！如果永遠都無法改變怎麼辦？我真的能感受到金錢所帶來的痛苦。雖然我的收入對我來說真的不夠，我賺得不夠多，這是事實，但我肯定自己，也肯定這些沉重的金錢情緒。我真的感到很失望、很沮喪，這簡直就像沒有盡頭的拉鋸戰。

請繼續輕敲所有的穴位（請參照第二章的圖示），並依序說出以下的句子：

我身體裡的感覺 *** 我不想面對這種感覺 *** 我的收入真的不夠 *** 我努力保持樂觀 *** 我多年來都保持樂觀 *** 但真的不夠 *** 從來都不夠 *** 真的很害怕 *** 真的很絕望 *** 失望 *** 羞恥 *** 但是真的不夠 *** 恐慌 *** 恐懼 *** 沮喪 *** 憤怒 *** 每次想到錢 *** 每次看到我的收入 *** 真的很難心懷感恩 *** 因為我感覺很糟 *** 我的收入真的不夠。

我覺得不自在 *** 我不想面對這件事 *** 我的收入真的不夠 *** 我試著保持正面 *** 我多年來都保持正面思考 *** 但真的不夠 *** 從來都不夠 *** 我真的覺得很害怕 *** 絕望 *** 失望 *** 也覺得羞恥 *** 但它真的不夠 *** 恐慌 *** 恐懼 *** 沮喪 *** 憤怒 *** 每次想到錢 *** 每次看到我的收入 *** 就很難心存感激 *** 因為我覺得很糟 *** 它真的不夠。

請做一次深呼吸。再次看著你的收入數字，然後大聲說：「這樣不夠。」也許你依然覺得這句話很真實，但請再次留意你的感受和反應強度，並以 1～10 來表示。這是確認情緒是否轉移的好方法，可以用來衡量自己的轉變，或判斷是否需要再進行一回練習。當情緒強度降低到 1 的時候，代表你將從恐懼、悲傷和失望轉變為相信自己的能力，並對自己的收入擁有全新的看法。所以，請保持樂觀！當你切斷長久以來的慣性反應之後，就有足夠的空間和能力，重新對金錢感到美好、興奮、期待、熱情。

讓我們再進行一次，但這一回請灌注強力的正面肯定句，以扭轉並重塑你對金錢的感受。

請輕敲手刀部位，同時大聲說出以下的句子：

雖然我目前的收入不夠，但我願意完全敞開自己，接受金錢以千百萬種方式進入我的生命。

雖然這不是我所期望的，但我知道寫在這張紙上的數字只是過去的結果。在這一刻，我擁有強大的吸引力，我正在改變我的金錢能量，我願意完全敞開自己，允許金錢以任何方式出現。我正在吸引我所需要的一切。為了讓更多錢進入我的生命，我正在吸引我所需要的想法、靈感、行動、人物、環境。我要用一句簡單的「來吧！」打開我的金錢能量。我現在要對錢說**「來吧！」**

現在，請繼續輕敲各個穴位，同時說出以下的句子或你自己的話：

　　錢曾經讓我憤怒 *** 或是恐懼和沮喪 *** 但現在當我想到錢，我只想說「來吧！」 *** 我其實喜歡收到錢 *** 得到錢真的很開心 *** 我對現在擁有的錢很感恩 *** 我完全敞開自己 *** 接受任何（合法）形式的金錢 *** 我對所有的錢說「來吧！」 *** 現金、支票或信用卡 *** 我對金錢說「來吧！」 *** 這是一種全新的金錢能量。

　　我正在放下恐懼和沮喪 *** 我正在放下羞愧和憤怒 *** 我現在允許真實的我與金錢產生共鳴 *** 我真的很喜歡錢 *** 賺錢很有趣 *** 因為我知道我有能力做這件事 *** 我真的很喜歡賺錢 *** 我喜歡自己正在做的事 *** 我真的非常擅長做這件事 *** 我完全敞開自己接受更多錢 *** 用一個簡單的句子 *** 對錢說「來吧！」 *** 我要對錢說「來吧！」

　　我要對錢說「來吧！」 *** 一整天都這麼說 *** 早晨醒來的時候 *** 睡覺的時候 *** 對錢說「來吧！」 *** 即使是做夢的時候，我也要對錢說「來吧！」。

　　我愛這種能量 *** 我愛這種接受的能量 *** 我現在接受並歡迎 *** 更多的金錢 *** 進入我家 *** 進入我的事業 *** 直接進入我的手中 *** 我非常好奇 *** 它會如何出現。

　　我已經感受到 *** 興奮 *** 和感恩 *** 感恩更多金錢出現。

　　對錢說「來吧！」 *** 對錢說謝謝 *** 敞開心扉接受錢的到來 *** 從身、心、靈全然接受。

金錢匱乏的自我傷害

接下來的練習能找出更多線索，幫助你了解自己對錢的真實感受。由收入觸發的「戰或逃」反應或許讓你感覺很糟，但接下來的練習可能會帶來更消極的自我批判。我們時時刻刻都在進行這樣的自我攻擊，我們怪罪、批評、指責和懲罰自己。雖然這是金錢的真實感受所帶來的次級影響，但它的衝擊性可能更具破壞力。接下來的練習，會幫助你更敏銳覺察內在的自我批判，讓你能夠真正開始向前邁進。

找出金錢匱乏的自我傷害

請看著你寫下的收入數字，然後說：「這樣不夠。」接下來請說：「這表示我＿＿＿＿＿＿。」這句話或許很難說出口。我大膽猜測，你或許早就在心裡責備自己了。盡可能列出你想到的所有答案。今天一整天，把這句話放在心上，把想到的答案都列出來。

每當想到自己的收入無法完全支持你想要的生活時，你的腦海就會出現自我批判，通常還伴隨著把收入多寡與個人畫上等號的自我對話。你心中的自我批判或自我憎恨可能會促使你用最殘酷的自我責備來填空。我聽過的句子包括：

- 「這表示我是個廢物。」
- 「這表示我是個失敗者。」
- 「這代表我讓大家失望,也讓自己失望,因為我沒有足夠的能力。」
- 「這代表我永遠無法成功,因為全世界都跟我作對。」

　　當你在練習中思考自己的收入時,請讓腦海裡第一時間浮現的念頭自然流動,並且誠實以對。請關注這些反應、話語和情緒的強烈程度。我們通常很快就能意識到這些負面反應的傷害力有多大。我必須再次強調這個練習的衝擊性,你每一次思考自己的收入時,除了會引發一連串「戰或逃」反應,還有一些非常消極的自我對話,這些對話會抵消你積極進取的動力。

　　鮑伯是一位單親爸爸,他有兩個孩子要養。離婚讓鮑伯面臨破產,因為他自願承擔了婚姻中的所有共同債務。這讓他感到非常低落和無能為力,甚至自甘墮落地揮霍,買了一輛頂級雪上摩托車。他來參加我的工作坊,想要了解自己為什麼無法設定更高的收入目標,同時學習改變這種情況。當我們進行目標設定的練習時,鮑伯一直無法順利進行,甚至開始覺得身體不舒服。我問他發生了什麼事,他說每一次思考賺更多錢的可能性時,心裡就會出現一個聲音,大聲地對他說:「你不配,你這個廢物!」

　　鮑伯哽咽著解釋:「事實上,我根本管不好我的錢。我像個笨蛋被

人利用，讓自己債務纏身。」我問他：「對你來說這代表什麼？你對這樣的人有什麼看法？」鮑伯說：「代表我是一個失敗者，現在活該被羞辱和感到難堪。我是一個不稱職的父親，因為我無法給孩子一個良好的居住環境。」在場的每個人都感受到鮑伯的痛苦。顯然每一次想到自己的財務狀況，鮑伯都會在心裡自我批判，認為這代表自己是個失敗者、是個屈辱、是個不稱職的父親。

負面的自我對話甚至會破壞你為了賺更多錢所做出的最好努力。想像一個七歲男孩在棒球場上，輪到打擊的他走向了打擊區時，嚴厲的教練站在他旁邊，對著他大喊那些金錢讓你感受到的批評性話語。請想像一下這個情境，再想想那個男孩聽到這些話之後會有什麼感覺：

- 經過這些負面的打擊之後，他還會繼續熱愛棒球嗎？還能保持熱情嗎？
- 教練這樣對他大喊，他能有好的表現嗎？

每當談及你的收入時，你就像那個小男孩一樣。負面的自我對話會強化你在金錢方面對自己的看法，除非你能夠清理那些自我批判，否則只要你一想到錢，就可能會引發所有可怕、羞愧、糟糕和失敗的感覺。但你可以不必如此！讓你的心靈自由，這樣你就可以發揮創意，然後積極進取地採取行動，讓自己的財富翻倍或再翻倍。不過如果金錢與負面情緒環環相扣，造成了這麼多阻礙，你的行動又怎麼可能成功呢？「戰

或逃」反應和痛苦的負面自我批判，往往會導致大多數人在面對金錢問題時出現以下行為：

- 完全逃避處理和錢有關的事。
- 從不設定收入目標。
- 從不花時間和精力掌控自己的財務狀況。
- 從不試著全面掌控自己的事業營收。

我已經數不清有多少自由工作者和小型企業主告訴我：「我不知道自己實際上從業務中賺了多少錢。」找出金錢阻礙的根源並不容易，因此往往讓許多人不願面對。每天得過且過，努力付帳單，祈禱沒有人生病，期盼奇蹟出現幫孩子建立大學基金，並且希望什麼都不管，財務狀況自然好起來，這樣的生活看似比較輕鬆，但實際上並非如此。除非你能清除金錢阻礙，否則一切都不會改變。儘管過程可能令人不適或痛苦，找出並重溫過往經驗所引發的情緒，是克服它們並通往財富另一端的關鍵。

或許有人認為進行敲打法時表達負面的自我批判，反而會強化這些負面情緒，但事實正好相反，敲打法能夠改變這些情緒，釋放來自負面自我批判的強烈情緒，讓這些話語不再具真實感。雖然對自己大聲說出這些負面的自我批評，一開始可能會令人感到震憾與衝擊，然而這麼做能讓你的感受、想法和觀點產生轉變，而這就是直接面對問題的不可

思議效果。只要花幾分鐘的時間，你就能得到情緒釋放的回饋，這是敲打法賦予你的一份禮物，改變你對金錢的感受，讓你願意花時間、精力和注意力去做一切可以擴展收入的事情。這就是你能夠獲取更多金錢的方法！

當鮑伯娓娓道出心裡話，說出金錢對他代表的痛苦內在對話時，現場的多數人紛紛點頭表示「我也有這種感覺」，這給了鮑伯勇氣繼續進行敲打法。我們專注地輕敲穴位，將所有的負面自我批判當成無可辯駁的真理般一一說出，因為這正是我們在心裡面對自己說的話。當房間裡瀰漫的沉重感漸漸消散，我請鮑伯再次大聲說出那些令他痛苦的字句，他的語氣聽起來平淡的像是念食譜一樣，鮑伯隨後說：「這不是真的！我雖然犯了錯，但是我很聰明，還是一個『非常好』的父親。」他的神色改變了，語氣中充滿了堅定和決心。他迫不及待地想要立即朝著目標前進的態度，也成為其他參加者的榜樣。幾個月後，鮑伯賣掉他的雪上摩托車，整合所有的債務，搬進一間很棒的公寓，他也在面試一份更好的工作，好能自己有更多時間陪伴孩子。

現在，請利用敲打法清理你的負面自我批判。請看著你從「這代表我_____」的句子中列出的話，並留意自己說出這句話時的情緒強度，然後以 1～10 評估這句話的真實度，1 表示完全不是事實，10 則表示百分之百真實。請使用最能表達你的感受的語句。

敲打練習：清理負面的自我批判

請輕敲手刀部位，同時大聲說出以下的句子：

　　雖然我的收入不夠，但這只能完全怪自己。我是個廢物。這就是我的收入代表的意思。我早就應該改善這個狀況。我應該做得更好。顯然我做得不夠。即使如此，我還是愛自己，我接受這樣的自己。

　　雖然我的收入真的不夠，我也知道這一切都是我自己造成的，我應該做得更好，應該及早作出改善，我完全忽略了某些東西，我失敗了，但我仍然肯定我自己。

　　雖然眼前的這個收入數字只代表了一件事──我搞砸了，我失敗了，這個數字定義了我這個人。但我依然接受我自己，雖然我並不真的這麼認為，因為我應該做得更好。

現在，請繼續輕敲各個穴位，同時說出以下句子或你自己的話：

　　所有這些沉重的自我批判 *** 我應該做得更好 *** 我老是搞砸 *** 我一定漏掉了什麼 *** 我的天啊！ *** 我必須搞清楚 *** 這個數字代表著什麼 *** 我就快要失敗 *** 就快要搞砸 *** 我做得不對 *** 這感覺太沉重了 *** 我實在非常內疚 *** 我太愚蠢了 *** 這太尷尬了 *** 如果別人知道我賺多少錢 *** 我會感到羞愧 *** 一切都是我造成的 *** 一定是這樣 *** 我做錯了 *** 每一次我這麼想的時候 *** 我就告訴宇宙 *** 我不配 *** 這種感覺非常沉重 *** 我陷

入了困境 *** 我的財富觀 *** 和可能性 *** 全都縮得好小好小。

我應該做得更好 *** 一切都是我的錯 *** 我失敗了 *** 每一次只要這麼想 *** 我就覺得洩氣 *** 覺得無計可施 *** 我把自己貶得更低 *** 我沒有資格 *** 所有這些自我批判的想法 *** 我想看看究竟是什麼 *** 我的腦海裡充斥的各種想法 *** 慣性的想法一再浮現 *** 我願意接受一切的想法 *** 我一直都是盡力而為 *** 現在的我也真正值得 *** 那會是完全不同的感受。

接著請深呼吸，然後說：「這代表我＿＿＿＿＿＿＿＿。」請感受一下，這句話現在帶給你的情緒強度和真實度是否有所降低。再次花點時間，請以 1 ～ 10 評估這句話的真實度，並和敲打練習前的數字比較。如果數字仍然高於 2，請重複進行敲打練習，直到這句話對你來說不再真實。

當你的負面自我批判消散之後，請開始用正面積極的態度面對！選擇能夠支持你和財務目標的自我對話，幫助你成為一個更善於管理財務的人。現在，讓我們來進行正面的敲打練習！

正面的敲打練習：展開與收入相關的自我對話

請輕敲手刀部位，同時大聲說出以下的句子：

雖然我的收入在紙面上看起來還是很差，但我絕對不是一個廢物。我犯過一些錯誤，也許太過於看輕自己，但我擁有改變的能力。

雖然目前的收入無法反映出我的價值，但那不能定義我這個人！我不會被定義。我還有更多未開發的潛能。我肯定自己的才能，也願意敞開心扉去發掘更多潛能。

現在，請繼續輕敲各個穴位，同時說出以下的句子或你自己的話：

看著我的收入讓我心裡想著 *** 廢物 *** 天啊，這樣的想法一點幫助也沒有！ *** 不！ *** 我的確面臨了一個挑戰 *** 但我要迎接這個挑戰 *** 這是一個贏家會做的選擇 *** 我還不確定該怎麼做 *** 但我會設定更高的目標 *** 我做得到！ *** 我其實很聰明 *** 我為自己擁有聰明才智感到感恩！ *** 我什麼事都可以學會 *** 我的一生已經成就了很多事 *** 其中一些真的很難，但我做到了 *** 我為自己的毅力感到感激。

我曾經面臨一些令人感到害怕的事 *** 但我一一克服，並找到了勇氣 *** 我為自己的勇氣喝采 *** 我犯過很多錯誤 *** 每一個都錯誤讓我變得更聰明 *** 每一個都讓我學到寶貴的教訓 *** 每一個都讓我變得更有見識 *** 我感激我的錯誤！ *** 有了這些錯誤才

> 會有嶄新的我 *** 我的收入只是我目前的狀況 *** 不代表我這個人！*** 我的故事由我自己來主宰 *** 我是自己人生中的英雄。
>
> 　　我要邁步向前，朝著增加收入前進 *** 充滿信心、勇氣和明確的目標 *** 我完全肯定現在的我！*** 以及即將成為的自己 *** 我肯定我的收入以及它帶來的挑戰 *** 我接受這個挑戰！*** 我會帶著肯定和才能 *** 勇往直前！

　　請做一次深呼吸。你是否感覺到自己從極端的負面自我批判，轉為平心靜氣的狀態？你還記得那些對話的真實度嗎？請想想你的能力、天賦、勇氣和對成功的渴望。聽起來像是一場自我鼓勵的對話嗎？沒錯，它的作用正是如此，而且它的效力在清理負面的自我批判後，會變得更加強大。如果你仍然有負面情緒，請再做幾回敲打練習，直到你感覺平靜一些為止。當你明白自己就是人生故事中的英雄時，是否感受到內在那股想要增加收入的能量、熱情和動力都提升了？這比感覺自己是個廢物好太多了！而那些能量、熱情和動力都會成為你的毅力和行動力，有了行動力就會帶來成果！

第五章

早期金錢觀

　　你認為自己對金錢的感受源自於當前的財務狀況嗎？錯了！你可能以為自己的負面情緒是因為沮喪的自然反應，是因為自己沒有理想的收入，但事實上，你目前的感受反映的是你從小被灌輸的金錢觀，這個因素往往比其他任何原因更能決定你的財務狀況。

　　這個概念完全顛覆了你以為的因果關係。你可能認為自己的財務狀況是受到成千上萬的外在因素所影響，有一些意外的麻煩、誤會、開銷和事件都超出你的掌控。這一切有沒有可能並非偶然？有沒有可能是你自己創造了財務藍圖的每個部分，甚至包括那些乍看之下來自外部的因素，以符合你從小被灌輸的金錢觀？

　　首先，我認為人會依照潛意識中早已設定好的「財務藍圖」，去創造影響自身財務狀況的外在因素。這個設定往往在童年時期就已經形成。其次，你對金錢的情緒源自最初與金錢的接觸，而你目前的財務狀況，其實都是從這些情緒延伸出來的。這乍聽之下似乎有點牽強，畢竟如果你對目前的財務狀況感到不滿，從邏輯上來說，應該是因為不滿才導致了負面情緒。但若是先拋開邏輯不談，想要增加財富，就必

須找到這些情緒的真正源頭，這樣才能將它們徹底清理。

事實上，來自過往經驗的潛在情緒，會塑造出某種模式，讓你對現狀感到不滿。我們在第四章已經做過一些練習，除了探索自己對金錢的真實感受，也覺察和收入相關的焦慮、害怕、恐慌、悲傷、憤怒或挫折。在這一個章節中，我將幫助你追溯這些情緒的根源，讓你能夠找出並釋放那些影響財富增長的阻礙。

回想童年記憶

影響你對金錢感受的最大因素，是我所謂的「早期金錢觀」。這些早已根深柢固的觀念與經驗，從很久以前就開始塑造出你今天對金錢的態度。早期金錢觀會形成一種模式，除非你將它清理掉，否則它會不斷重複出現。我的目標是帶著你透過練習覺察早期金錢觀，並理解它如何持續觸發負面情緒，讓你難以改善財務狀況。你不僅需要重新回顧和面對那些與金錢相關的過往經驗，還必須正視它至今仍對你造成的強烈影響與控制。

許多自我成長領域的專家都強調，覺察自己在金錢方面的限制性信念、恐懼與觀念非常重要。然而，如果你意識到自己有這些阻礙，並且明白它們是在潛意識中運行的，反而會讓你更加沮喪，因為這會讓你冒出沒有明確解答的疑問與擔憂，比如：

- 我要如何清除自己沒有意識到的阻礙？
- 如果我不知道自己擁有哪些限制性信念或被灌輸的觀念，又要如何覺察？

　　我想幫助你找出早期金錢觀，讓你能清除阻礙你更有錢的因素！我的方法能把潛意識裡的東西變得清晰可見。當你清楚地看見早期金錢觀，就不會再對「為什麼不能更有錢」感到困惑，也會更有力量徹底改善財務狀況。想做到這一點，需要覺察和承認童年的負面記憶。雖然剛開始可能會感到痛苦，但最終會帶來長遠的財務回報。

　　敲打法能夠清理許多根深柢固的金錢觀，並成為累積財富的強大推手。當你第一次看清自己整個金錢運作模式的根源與原因時，你將會徹底豁然開朗，並打開通往人生蛻變最關鍵的一扇門。讓我們從以下練習開始吧：

練習：探索早期金錢觀

　　請坐下來，閉上眼睛，想像自己回到六、七歲的時候。請做一次深呼吸，讓你的大腦回想畫面中的細節，直到你能清楚描述自己當時的衣著。有些人會擔心自己只是在憑空想像，或只是想起某張舊照片，這些都沒關係，重要的是盡可能仔細地回想自己兒時的模樣。

　　接下來請想像你的父母也在這個畫面中，並且正在談論和處理金錢或帳單。試著讓自己去感受畫面中的氛圍。

- 這個畫面裡發生了什麼事？
- 你的父母對錢有什麼感受？
- 他們正在做什麼？
- 他們說了什麼話？

現在，請看著畫面中的你。雖然你只是個孩子，卻正在接收所有關於金錢、努力工作、匱乏、無力感與恐懼的訊息。你在這幅畫面中感受到什麼？去觀察你的父母對金錢的感受與挑戰，和你目前對待金錢的方式有多麼相似。這種相似程度往往會令人驚訝。

在回想父母的同時，也請一併檢視自己與金錢的歷史。你曾在小時候看到了什麼？聽到了什麼？你小時候所觀察到和金錢相關的感受，會塑造出你現在的財務藍圖。請仔細思考以下問題：

- 你是否感受到金錢引發的擔憂、焦慮或任何創傷？
- 你的父母中是否有一人曾經失業？或是你曾經過著無憂無慮的生活，直到某件不幸的事情發生才改變了一切？
- 你是否曾經歷與金錢有關的背叛？
- 你的父母是否在金錢方面過度極端，不是過度揮霍，就是極度節儉，或是不願意去工作賺錢？
- 你的家庭是否總是入不敷出？

- 你的童年是否衣食無缺，但家中嚴格掌控開銷，你必須符合某些要求才能得到財務支援？
- 你的父母是否從不談論錢，導致你對理財一無所知，只覺得這是一個禁忌話題？
- 你是否聽過類似這樣的話：「你必須遵照我們說的去做。」或是：「你不需要上大學，只要找個好對象結婚就行了？」
- 你是否曾目睹與金錢有關的爭吵或憤怒？

請回想童年時期與金錢有關的畫面，以及金錢帶給你的感受，盡可能把所有細節寫下來。接下來幾天，請持續思考，如果有其他回想起來的內容，也一併記下來。這些細節將幫助你找出並清除阻礙。不要只記錄你認為重要的事，請把一切都寫下來！

假如你的父母經常因為錢的問題生氣或爭吵，或是對財務狀況感到無力，你很有可能會將金錢與憤怒或衝突聯想在一起，使得你在潛意識中不想擁有太多錢，甚至破壞你獲得更多錢的機會。尤其當你認為父母是因為你才陷入爭吵或財務問題，這個影響會更加深刻。有數不清的人曾和我分享，他們在童年時期就覺得必須為家裡的狀況負責，其中有些人甚至被父母告知「是你造成了我們的負擔」；還有些人在童年時期

經歷父母離婚或分居，親眼目睹他們為了誰該負擔哪些費用爭吵不休。假如父母因撫養費而爆發激烈衝突，那麼在某種程度上，你會永遠將金錢與憤怒、爭執和罪惡感連結在一起，導致你無論賺多少錢，都只想馬上花光。

造成你現在財務狀況的早期金錢觀往往並不明顯。以瑪麗的例子來說，她認為自己的童年很美好，也很穩定。長大後，瑪麗擁有相當優渥的收入，卻從來不存錢。只要一拿到錢，馬上就左手進右手出，一分也不剩。雖然收入可觀，但瑪麗總是對錢感到焦慮，害怕萬一發生什麼事，自己的生活會完蛋。瑪麗沒有任何預備金應付失業，平常也只能勉強維持收支平衡，這讓她十分擔憂。

我們檢視了瑪麗的早期金錢觀，從中得知她的父親雖然薪資豐厚，但是有九個孩子要養，主要的生活開銷完全靠父母每個月的薪水來維持。儘管如此，一家人還算和樂知足。不過，她的父母總是擔心錢不夠用，因此對每一分錢都精打細算。瑪麗的父母經常說，他們對這樣的生活非常自豪，也願意為孩子犧牲自己。瑪麗很快就意識到自己正在重複父母的模式，並且驚訝地發現，對於自己想要比父母更有錢的想法，竟然會讓自己感到慚愧。

瑪麗應該對現況知足嗎？雖然她的父母當初沒有多餘的錢，但他們安分守己，也非常幸福快樂。她還意識到自己從來沒有想過可以去累積存款、安全感與財富。對她而言，現實狀況就是永遠只能勉強應付日常開銷。因為她相信自己不可能存到錢，也就從沒想要嘗試。在發

現自己的限制性信念之後，瑪麗開始創造自己渴望的安全感。她買了一本個人理財書，並且制定了存款計畫。不到一年，她就存到了一萬美元。

如果你曾經對金錢有過任何負面信念，就會讓自己在處理財務的過程中出現各種混亂和難題。你會把金錢與憤怒、背叛、拋棄、恐懼和生存連結在一起。因此，請仔細記錄出現在你腦海中的畫面，把所有的細節都寫下來。不要質疑，現在就寫下來。

你的父母和你的金錢觀

客觀地比對你父母對金錢的感受和處理方式，與你現在的金錢模式，你可能會發現兩者驚人地相似。即使你曾發誓自己絕對不會步上他們的後塵，你仍然會受到父母的影響。你對自己的信念、價值觀、看待錢的方式，以及必須付出多少努力來賺錢，都來自早期金錢觀，而這通常承襲自你的家庭。你可能聽過父母對有錢人的正面或負面評論。你的父母認為擁有更多錢是可以接受的嗎？或是認為收入優渥的人都是邪惡和腐敗的？這些觀念都會在潛意識中默默影響你認為自己應該賺多少錢。

孩子會從父母那裡學到關於金錢的不同態度：有人因為雖不富裕卻能快樂生活而自豪，有人則以比別人富有為傲。父母會灌輸孩子各種觀念，包括對世界的看法，以及不同財務背景的人如何在社會中立足。

你可能對以下這些話不陌生：

- 「我們家的人沒一個出人頭地。」
- 「我們或許沒什麼錢，但我們擁有真正重要的東西。」
- 「我們可能一輩子都不會賺大錢，但至少我們都好好做人。」
- 「我們只能成為好員工，沒有當老闆的命。」

聽到這些話的你會怎麼想呢？你當時只是個孩子，所以沒有分辨能力，只是照單全收家人對於金錢的「真理」，包括他們對於富裕、貧困、努力工作等抱持的看法與態度。你不能舉起手來向他們說：「不是喔！媽媽爸爸，不一定都是這樣，你們可以創造自己的財富。」如果你想要反駁，就等於推翻了父母對這個世界的看法，很可能也會引起強烈的反彈，出現爭論、批評，或者舉證歷歷，直到你也認同他們的看法。因此，挑戰父母的金錢觀就等同質疑他們，造成不愉快的生活。接下來，我們將更進一步探討家庭金錢觀的核心。

童年時期的誓約

即使看見自己家庭的金錢觀有多令人驚訝，許多人仍然認為這對成年後的生活沒有太大影響或限制。他們會說：「怎麼可能？怎麼會有影響？」事實上，我們不僅會吸收這些金錢觀，還會在潛意識中對其立下

誓約，而這些誓約可能影響你一輩子，甚至讓你陷入貧困。

小時候，與生俱來的求生本能讓我們尋求家庭的接納與安全感。過去，如果有人被趕出部落、孤身留在荒野，很快就無法生存。到了現代，這股強烈的本能更多表現在情感層面，使我們設法爭取最多的安全感、愛、照顧與關懷，同時盡力避免批評、危險、身體疼痛與被拒絕。

這種在家庭中生存和茁壯的本能無比強大與堅固，使我們在童年時期就向「效忠家庭」的價值觀立下誓約，以確保最高的生存機率。這個誓約涵蓋「你應該是什麼樣的人」和「你應該對事物抱持什麼感受」的所有層面，包括金錢帶給你的感受。它也會影響你認為自己配得哪種程度的成功、收入、教育、財富以及「像我這樣的人」能有什麼樣的機遇。而我們通常不會意識到這個誓約的存在。

有趣的是，還有另一個完全相反的童年誓約，那就是發誓自己永遠不會像家裡的人一樣，並且要反抗父母的想法或觀念；這通常是刻意立下的。原始的生存本能除了個人的成長之外，還涉及到物種的生存與演化。這個本能讓你渴望成長、期望與眾不同、有獨特的思想，並且想要反抗。因此，家庭金錢觀最終會讓你產生兩個互相牴觸的誓約。為了融入，你矢志效忠家庭，不會逾越家庭或父母的成就，也根據家庭金錢觀的標準循規蹈矩。但你同時又發誓反抗這個家庭金錢觀，拒絕它的限制，永遠不想變成家裡的人那樣。這兩個對立的誓約同時在我們的心裡運作，支配著我們在生活層面上的各種行為。

舉例來說，你堅定地發誓自己絕對不要像父母那樣窮困，因此你加

倍努力，賺的錢遠遠超過他們的收入，也獲得他們達不到的成就。然而，效忠家庭的誓約會使你做出破壞這一切的行為，最終讓你落入曾發誓永遠不會重蹈的模式。無數企業家和自由工作者都曾遭遇同樣的歷程，這讓他們感到不可置信和沮喪，理想的破滅也讓他們不解，為什麼一切都變了調。

簡而言之，無論你多麼聰明、多有才華或受過多好的教育，都會因為對家庭金錢觀的忠誠，而限縮了自己的財富與成就，也限制了賺錢、理財和存錢的可能，更使你看輕自己，不敢要求太多，並懷疑自己的價值。雖然你誓言反抗，也努力超越並脫離家庭金錢觀的限制，卻會在潛意識中搞破壞，故意阻礙自己賺錢、理財和存錢。你的本能和誓言之間的衝突，導致成功和失敗不斷循環，常常原本一切順利，卻突然急轉而下，讓你飽嘗失敗、失望、背叛和挫敗的苦果。

想要找出效忠家庭的誓約，不妨仔細感受自己在想像畫面中看見父母的感覺。即使你不喜歡或不同意父母的做法，你仍然對他們為了生活奔波勞累而深表同情或憐憫，尤其是負責養家的人，例如「父親工作那麼辛苦，但他從來不喊累」，或是「媽媽為了讓我們衣食無缺，做了好多犧牲，也從沒為自己買過什麼」。你甚至會為他們無法掌控自己的命運或實現夢想感到不公平。這些感受都來自於效忠家庭的誓約。即使有些事情現在回想起來，仍然讓你覺得忿忿不平，但假使你的父母都是相當善良的人，他們必須為了勉強餬口辛苦工作，你還是會感到一絲絲的哀傷。

效忠家庭的內在動力，將使你重複和父母相同的模式，你會像他們一樣努力工作和犧牲，幾乎不求任何回報。為了顯示對父母的尊重，你可能會這麼想：「他們為孩子犧牲了那麼多，從來沒享受過安穩的生活，也沒什麼錢，我卻自私地想要追求他們沒有的一切，這麼做是錯的，也等於背叛了家庭！」然後，父母對賺錢、求安穩、辛勤工作、成就和失望所設定的標準，變成了你的標準。你可能和他們一樣希望擁有更多，但是如果你開始賺更多錢，或者只是打算賺更多錢，就會產生兩種阻止你的強烈情緒：內疚和恐懼。內疚來自想要享受父母從未擁有的一切，以及想要減輕為生活奔波的困境。假如你真的做到了，無疑就像是對父母宣告事在人為，而他們都失敗了。恐懼則來自害怕自己超越家庭所設定的標準，因為這會讓你變得與眾不同，成為外人，甚至可能遭受嚴厲的批判、不信任和排斥。你幾乎不會明顯意識到這些感受，但它們卻是推動情緒的強大力量。

　　這是怎麼發生的？你會在無數潛意識行為中限制自己和自己能賺取的財富，或者增加工作的困難度以吻合早期的家庭金錢觀，並把這當成對家庭的忠誠。你可能在潛意識中發誓絕對不會超越原生家庭，永遠不要脫穎而出、不要做得更好，不能更優秀或更耀眼。就算你對自己說「如果我賺了一百萬美元，我的父母會為我感到驕傲」，這句話或許是真的，但無論你現在有什麼感受，早期的家庭記憶都會對你目前的財務狀況產生影響。

　　道格就是一個典型的例子。我和道格探討了他的財務問題，以及

他的父親如何拚命工作來養活一家人，還要照顧臨終的妻子，並且經歷過兩次事業遭到背叛的打擊。道格的父親從未享受過，這位善良且充滿愛心的男人在退休後不久就去世了。道格為父親一生的遭遇抱不平。就在那一刻，道格的效忠誓約帶來了內疚，他想：「我有什麼資格得到父親沒有的回報？我應該要感到羞愧。」我問他應該怎麼做才有資格得到回報，他回答：「我應該像我父親那樣拚命工作，像他那樣經歷許多逆境、挑戰和痛苦。也許到時候我才有資格實現夢想。」

道格對父親的忠誠，讓他一直都從事低薪的工作。另一方面，許多人會誓言反抗，他們說：「我很小的時候就說過『我永遠不會像我的父母那樣，我會不一樣。』」他們勇往直前，積極追求財富和成功，也相信自己能夠擺脫家庭金錢觀。然而就在他們擁有大筆財物之後，往往又會因為投資失誤、過度消費以及其他導致失去金錢的行為，讓一切回到原點，最終落入和父母一樣的境遇。這就好比好不容易排除萬難，努力登上巔峰，開創出意想不到的成就，但當錢財開始湧入時，卻不知不覺重演父母的人生。這就是忠誠與反抗誓約同時運作的結果。

絕不步上家人後塵的反抗誓約，猶如向他們宣戰。你會重複父母的人生，然後努力證明自己可以做得更好，並相信自己做得到。然後，你開始自我毀滅，再次回到原點。我承認這聽起來不太合邏輯，但是人們在事業上確實會無意識地不停重複這個模式。就以維特的例子來看，他百分之百明確地表示自己絕對不會像父親一樣，也絕對不讓自己陷入貧困。

維特提到父親的語氣充滿輕蔑。他說：「他是個一無是處的酒鬼，他對自己的家庭不聞不問，從沒養過這個家。我恨他，現在還是恨！」維特一輩子都在督促自己，他創立了一家價值數百萬美元的公司，同時也是一位體貼的丈夫和三個孩子的好爸爸。只是好景不常，當他的事業突然下滑時，他變得不知所措，擔心自己可能會失去一切。他對妻子和孩子越來越疏遠，不知道該如何是好，只能眼睜睜看著自己好不容易打造的一切毀於一旦。維特在短短幾個月之間，重塑了自己的童年景況，只不過現在的他變成了父親的角色。他的內心痛苦萬分，自我厭惡和失望的心情幾乎讓他難以承受，他對我說過：「我曾發誓絕對不會像他一樣，但現在我變成了他，我連家人都養不了。」

請仔細檢視自己生活中是否存在這種模式，並開始為此負起全責。在此刻之前，你可能完全沒有意識到自己一直重複這個模式，但現在你知道了。家庭金錢觀對於你整個財務狀況的影響遠大於其他因素，當你意識到這一點，就能逐漸拿回主導權。我希望你能正視人生，找出自己的模式。當你清理了早期金錢觀，就能重新掌握財務的方向盤！

財富設定值

你能夠存到多少錢，取決於家庭傳承給你的「財富設定值」。這個數字在你毫不知情時，早已深植於你的潛意識之中，影響你的每一個行為。你的設定值是多少？其實，你目前的存款數字就是你的設定值，反

映出家庭金錢觀在你潛意識中設定的財富、安全感、生活保障，以及你對金錢的所有看法。這個設定值讓你感到安心，因為這是你對家庭忠誠的依據，即使這個數字實際上讓你感到不安。聽起來好像有些古怪，畢竟一般來說，存款越多越讓人安心，存款越少則越讓人焦慮。然而，這裡的財富設定值所帶來的安全感，與你對父母和家庭的忠誠度有關。

你的財富設定值像是一個由潛意識操控的調節器，如果超出了這個數字，你就會被視為家庭的異類，然後你會做出調整，讓數字回到原來的位置。那些存的錢遠超過設定值的人，往往會用某種方式把這些財富甩開。如果他們中了樂透，很可能會把錢花光光。假如你被灌輸的觀念中對於擁有大筆金錢有負面的聯想，而你又突然多出一筆相當可觀的存款時，潛意識就會引導你做出各種糟糕的理財決策，以便擺脫多餘的錢，然後重新回到你的財富設定值。

許多人看著自己的存款，心裡想：「現實就是如此，我只能存到這些錢。」但事實並非如此。你只是被灌輸了這個觀念，而你的存款金額只是受到財富設定值的限制。當你提高了設定值，你的存款數字就會改變。這本書將會引導你怎麼做。

清理早期金錢觀

透過敲打法來梳理圍繞在早期金錢觀的情緒和能量，是你能給自己最棒的禮物！它能讓你打破潛意識裡忠於家庭金錢觀的限制，終結潛意

識裡誓言反抗時產生的自我毀滅行為。當你清理了過往的金錢觀，你就能自由選擇讓自己滿意的價值觀，不必再與之對抗，也不必費力證明自己和父母不同，更不會出於誤解或潛意識的忠誠感而困在過往的價值觀裡。

想要釋放潛意識中對擁有更多錢的抗拒，第一步就是找出並清理早期金錢觀。唯有如此，你才能傾注所有力量，自由地追求你所渴望的一切。在你找出自己的早期金錢觀，了解它如何阻礙你創造更美好的財務前景之後，最重要的一步就是利用敲打法減輕它引發的情緒。這樣一來，你才能順從自己的內心，做出最好的決策。

「現在，我可以選擇屬於自己的金錢觀，並讓它成為能為我帶來滿足的理財模式。」

當你清理某樣東西之後，就會有多出來的空間。你可以趁這個機會，想像自己真正想要的：「這是我想要做的事，也是我的信念。」即使你還不是百分之百確定，但也能開始思考自己想要建立的財務藍圖，不再被無意識中接收的家庭金錢觀支配，開始以嶄新的自己全力以赴。這才是真正的自我突破。

維特在發現自己同時擁有效忠家庭和反抗家庭金錢觀的誓約後，同意嘗試敲打法。經歷痛苦童年的他，在過程中釋放了對父親的憤怒和哀傷，離開時感覺自己宛如重生。理解了誓約之後，維特充滿了自信

與力量,對自己陷入財務困境的態度和想法有了一百八十度的轉變。儘管維特的財務狀況依然是個嚴峻的考驗,但這已不能再定義他是怎樣的人。維特重新與家人和解並再次投入工作,開創出驚人的成就。他時時提醒自己是個有遠見、有創造力、有能力的人,最重要的是他喜歡成為這樣的人,也不再受到任何誓約束縛。

敲打練習:清理家庭金錢觀

請輕敲各個穴位,並跟著說出以下的句子:

這是我的父母 *** 對於金錢的恐慌和恐懼 *** 對錢感到焦慮和擔心 *** 對錢感到憤怒、為錢爭吵 *** 永遠都覺得不夠 *** 為錢掙扎、對錢充滿無力感 *** 還有隨之而來的恐懼 *** 我們完全相信錢不夠用。

錢在我們家是真的不夠用 *** 我的父母每天都為此苦惱 *** 為錢恐懼 *** 為錢憤怒 *** 還有金錢的背叛! *** 對錢感到絕望 *** 一次又一次的失望 *** 對錢感到失望 *** 現在輪到我了,我正在經歷一切 *** 我接收了這個價值觀 *** 所有的價值觀 *** 都進入我的潛意識 *** 進入了我的神經系統 *** 我繼承了家庭的金錢觀。

我肯定曾經遭遇的痛苦 *** 我肯定父母的痛苦 *** 我肯定悲傷、失落和不公平 *** 但我願意拋開這一切! *** 為了我最大的福祉 *** 關於金錢的恐懼 *** 關於金錢的憂鬱 *** 關於金錢的絕望與失

> 落 *** 關於金錢的羞愧與失望 *** 關於金錢的憤怒和爭吵 *** 我完全肯定那就是他們的生存之道 *** 我願意釋放這一切 *** 這樣我就能創造自己的現實 *** 就從這一刻開始。

請做一次深呼吸。第一次進行這個敲打練習時，會在回想起家庭過往經歷的失落、不公和悲傷時，流露出許多情緒。當你感受到釋放，就更能夠覺察自己承受了多少與金錢相關的壓力。做完練習之後，請再次回到那個童年時期的想像畫面，這時你的情緒應該會變得比較平靜。接著請找出畫面中仍然讓你感到糾結的部分，然後針對該部分再次進行敲打練習。現在的你應該能夠清楚辨識父母傳承給你的限制性信念。請透過以下問題檢視並條列出你接收到的限制性信念，例如：

- 你必須多努力才配得上擁有財富？
- 你認為有錢人的個性和品格怎麼樣？
- 你認為能夠放鬆並享受生活的人的個性和品格怎麼樣？
- 你認為有錢人的善惡精神是什麼？
- 你認為好人變有錢之後會發生什麼事？
- 你認為收入或存款要達到多少才算是「富人」？
- 你是否會對看起來能夠輕鬆致富的人產生質疑？
- 你認為以社經地位來說，「像我們這樣的人」獲得權力、成就

和財富的機率有多高？
- 你是否有可能擺脫月光族的生活？
- 你認為銀行有多少存款才算有財務保障？

這個練習對你的覺察至關重要，因為你從早期金錢觀中接收的信念，早已在潛意識中被奉為不可動搖的真理，影響你看待金錢、他人與世界的方式。一旦你開始覺察它們，就能將其清理。現在，讓我們用充滿鼓舞的敲打練習來獲得正能量吧！

正面的敲打練習：扭轉你的金錢觀

請輕敲各個穴位，並跟著說出以下的句子：

我今天看到了重要的東西 *** 我看到了父母的價值觀 *** 它也成為了我的價值觀 *** 我完全尊重這一點 *** 這是我父母的現實狀況 *** 源自於他們的生活 *** 他們的信念，他們的痛苦 *** 他們的價值觀！ *** 我從來都不想接收這個價值觀 *** 但是我一直讓它重複上演 *** 我一直忠於這個價值觀 *** 也一直在與它對抗 *** 但它一直在掌控我。

現在的我閃耀著光明 *** 在覺察的照亮下 *** 一切都改變了 *** 我要拋開舊的價值觀 *** 拋開我對它的忠誠誓約 *** 以及反抗誓約 *** 我肯定父母經歷的困境與掙扎 *** 但現在是我的時刻 ***

> 我要創造屬於自己的全新價值觀！ *** 我願意接受全新的理財方式 *** 我願意賺取更多錢 *** 做我喜歡的事。
>
> 我願意感受金錢帶來的安全感 *** 我願意成為一位出色的金錢管理者 *** 我是自己生命的主人 *** 打造我的人生，創造我的財富！ *** 現在是我大步向前、實現更遠大夢想的時刻 *** 現在是我的選擇 *** 我要讓自己脫離過往的規則 *** 將自己從舊有的價值觀中解放出來 *** 現在，我擁有選擇的自由！

請重複這個練習，直到你發自內心感受到這些訊息。敲打法所帶來的正面與振奮情緒，能讓你維持在良好的能量中，進一步開始改善自己的財務前景。

第六章

財務創傷

創傷源於某個衝擊事件，這個事件會在發生當下以及結束之後，持續帶來極大的痛苦或折磨。你可能不會將創傷與金錢聯想在一起，但我經常遇到在財務狀況上產生創傷反應的人。我開始注意到在和客戶討論存款（或沒有存款）或債務時，經常看見一種模式，那就是他們過去的創傷經驗會浮現。有時候，這些事件涉及到真實的情感或身體傷害。即使當事人不認為那是創傷，卻仍然對個人的存款或債務狀況有很大的影響，有時甚至極具毀滅性。

無論創傷事件是多久以前發生的，我仍然可以從客戶的情緒或財務狀況看出它的負面影響。因此，我認為有必要將這類情況定義為「財務創傷」。我希望幫助你辨識自己可能經歷過的財務創傷，因為它可能就是阻礙你累積財富的原因。

辨識財務創傷

你曾遭受過財務創傷嗎？有個簡單的測試可以幫助你判斷。請看看

你的債務或存款，或者兩者一起看，然後回想你的過去。你的腦中是否浮現任何感到後悔的事？例如：過去的某個意外事件、某個錯誤的決定，或是某個讓你走錯方向的人？這是否讓你產生「如果當初沒發生過這件事，我的財務狀況早就好多了」或者「如果當初沒有做那件事，或沒有聽信某人的話，我的財務狀況會更好」的想法？假如你對過去的經驗有這樣的想法，就表示你有財務創傷。

財務創傷有兩個關鍵要素：第一，它是一個過去的事件，對你的金錢、存款、信用，或是所有財務方面造成了極大的負面影響。第二，當你查看自己目前的財務狀況，像是存款或信用評分時，仍然能看到這個事件帶來的影響。財務創傷有時來自於真正的重大變故，例如：意外事故、遭到背叛、離婚、創業失敗或重大疾病。即使你已經藉由自我成長或心理治療修復這些事件帶來的情緒創傷，你可能還沒真正面對它對財務造成的巨大影響。假如你檢視自己的財務狀況時，還是會對過去的某件事感到強烈的憤怒、悲傷或後悔，這個創傷就依然存在。以下是我最常見到的財務創傷起因：

- 信任欺騙你的人。
- 生意失敗。
- 遭到事業夥伴背叛。
- 財物被奪走。
- 感覺錢被離婚協議榨光。

- 做出糟糕的投資或事業決策。
- 遭逢重大事故或疾病卻沒有足夠的理賠。
- 因上述任何原因而破產。

假使你經歷過上面列出的情況，無論事情發生在多久以前，都可能在你的心裡留下陰影，造成情緒壓力，並大幅改變你對未來抱持信任的意願。按照我的定義，這確實是財務創傷。舉例來說，請回想過去可能對你造成財務創傷的事件，並以 1～10 來評估以下敘述是否屬實：

- 「從那天起，我就再也不相信自己。」
- 「我學到了教訓，絕對不能輕易相信別人。」
- 「錢會讓人露出黑暗的一面，即使是自己信任的人。」
- 「我當時沒有處理好，我應該更有智慧。」
- 「我當時應該為自己爭取權益。」
- 「連老天爺都不放過我，我應該是個爛人吧！」
- 「從那天起，我就不敢去相信，也不願意抱太大期望，最後很有可能又會失望。所以我也不想再嘗試了。」

如果上述任何一項讓你感同身受，就表示你有財務創傷，而敲打法會徹底改變你的人生。財務創傷最大的問題在於它會不斷地帶來痛苦，即使事情已經過去了，那段記憶仍然會一直跟隨著你，彷彿無法抹

滅的證明，提醒你金錢帶來的失望和不公平，甚至讓你覺得除了失去的金錢之外，你也失去了一部分的自己，而且再也找不回來。創傷通常會讓人感到脆弱、失去信心，對他人產生懷疑，擔心未來可能發生不幸，因此經歷過創傷的人，往往更傾向逃避參與某些活動和體驗。

財務上的創傷會使你避免追求創造更多財富，並對是否能夠改變自己的財務狀況產生懷疑。因為無論你多麼努力想要做出改變，即使你不曾意識到創傷存在，它們一直都在你的腦海中，向你證明人生有多不公平，努力也不一定會有回報，甚至有可能更糟。

你的存款與財務創傷

你的存款（或是缺乏存款）可能與財務創傷有密切關聯。當你為了薪資而工作時，其實是一種「付出與獲得」之間的交換，它牽涉到你認為自己付出的時間、精力、工作能力、智慧和技能的價值。但存款則是完全不同的狀況。正如我之前所提到，存款對不同的人來說可能代表不同的意義。因此，感受自己在關注存款帳戶時的反應非常重要。以下的練習可以幫助你提升這方面的覺察能力。

=== **練習：辨識存款的財務創傷** ===

請寫下你目前的存款金額。如果你沒有存款或有負債，請直接寫「0」。我們將在下一章討論負債問題。

請看著這個數字,然後在數字下面寫出你希望擁有多少存款。我指的不是百萬美元或億萬美元的願望,而是比目前的財務狀況更好一點的目標,比如你認為存款需要增加多少才能讓你更安心。

　　請看著這兩個數字,然後把注意力集中在目前的存款金額,當你完全感受這個數字後,大聲說出「這樣不夠」和「從來都不夠」。請感受這些話對你來說有多真實,以及當你說這些話時,心中浮現什麼感受。此外,也請留意是否有過去的事件浮現,並曾對你目前的存款造成影響。

━━━━━━━━━━━━━━━━━━━━━━━━━━━━━━━━

　　在我協助過的數千人當中,他們的反應包括恐懼和恐慌(前面討論過,這些是與生存本能相關的感受),以及深層的悲傷、憂鬱或失落。這正是幫助許多人開始意識到自己曾遭受財務創傷的時刻。無論事情過去了多久,關於這個創傷的記憶仍然會引發負面的情緒,也會在你目前的財務狀況中顯現出來。因此,當你專注於存款數字時,請仔細留意自己的感受,它能提供許多線索,幫助你理解不能更有錢的原因。接著,請繼續進行這個練習的第二部分。

━━━━━━━━━━━━━━━━━━━━━━━━━━━━━━━━

　　請再次查看你的存款數字,想想看是否有任何過去的事件依然帶給你負面的念頭,然後問自己:「對我來說這代表著什麼?」接著,再次看著存款數字,想想這個數字和你的目標存款之間的差距,然

後完成這個句子:「這代表我是＿＿＿＿＿＿＿＿＿＿。」

想著存款數字除了會引發強烈的情緒,觸發「戰或逃」反應之外,還會讓你產生嚴厲的自我批判。這和你想到收入時產生的自我對話不太一樣,這種自我批判會直接打擊你在理財方面的信心。它聽起來比較像是:

- 「我是個理財白痴。」
- 「我沒有能力管好自己的錢」
- 「我在理財上犯了愚蠢的錯。」
- 「我做了糟糕的投資。」
- 「我花太多錢了。」

我曾與擁有博士學位的人、數學家、註冊會計師、會計人員和財務顧問共事過,讓我驚訝的是,雖然他們一輩子都專精於數字和替他人理財,卻在管理自己的財務時感到力不從心,甚至為自己貼上各種負面的標籤。我們來看看艾瑪的例子,她是一名領有證照的會計師兼財務顧問,因為具備出色的能力而擁有相當優渥的收入。艾瑪需要進行多場公開演講來拓展業務,但是她卻為這件事飽受焦慮之苦,因此前來尋求我的幫助。

當我們一起尋找導致艾瑪害怕公開演講的真正原因時，她向我透露，與其說是理財專家，自己更像是「騙錢專家」。我問她為什麼這麼認為，她說：「因為我實際上就是個騙子，我沒有存款，沒有財務上的保障，也沒有任何投資，什麼都沒有！我連自己的錢都管理不好，如果被別人知道了，他們絕對不會聘請我！」她完全處於恐慌狀態，經常徹夜難眠，為缺乏財務上的保障懊悔，更氣自己陷入這樣的處境。而造成艾瑪收入豐厚卻沒有任何存款的原因，是她十多年前聽信某人的話，做了一個糟糕的決定，這個錯誤的陰影至今仍然糾纏著她。

　　艾瑪離婚後靠著分到的財產和精準的投資，累積了一筆可觀的財富。然而幾年後，她被新男友說服，大膽地投資起房地產。起初一切都很順利，所以她又投入更多資金，最後甚至把所有的積蓄都投進去。但就在突然間，一切全都變了，男友消失無蹤，她投資的那些錢也跟著化為烏有。「如果當初沒有發生這一切，如果當初我沒有那麼蠢，我現在一定可以過得很好！」她以沉重的語氣說道。

　　那次的事件讓艾瑪感到極度痛苦與羞愧，所以自從那天起，艾瑪只要想到重新建立財務保障這件事，心情就難以平復。因此，她選擇了逃避。我們透過敲打法來療癒這個財務創傷，幫助她釋放所有的情緒和自責。在這之後，艾瑪對希望擁有多少存款和可以立刻採取什麼行動有了全新的看法。她意識到這段往事以及無休止的自我批判導致她無法發揮所長，錯過了許多機會。而她對自己的不信任以及逃避重新存錢形成了一個惡性循環，讓她的存款一直停留在零。

當艾瑪消化完所有的情緒，她已經準備好運用身為財務顧問所累積的知識與經驗，為自己的存款與財務保障開啟全新的篇章。她那天晚上立刻規劃出一份完整的五年財務自由計畫，而且隔天就開始採取行動。不到一年的時間，艾瑪不但經常透過公開演講來宣傳自己，她克服難關與努力奮鬥的成功故事，更是深深吸引了大眾。

在類似艾瑪的財務創傷情況裡，你會遭受三重打擊。首先，你會產生痛苦的情緒反應；接著會引發負面的自我對話，責怪自己犯下的錯；最後則是喪失自信，懷疑自己能否在生活或工作中妥善管理金錢。因此，當你透過敲打法來清理財務創傷時，將讓你迎來巨大的轉變！事實上，敲打法已經被廣泛運用於幫助遭受創傷影響的人，因為它在釋放情緒創傷方面的效果極為卓越。

接下來的敲打練習將從修復當你想到自己欠缺存款時立即產生的情緒開始，通常是恐懼、擔憂和悲傷。然後你可以進一步處理可能阻礙你累積財的任何財務創傷。

敲打練習：接受自己沒有存款

請依序輕敲各個穴位，同時說出以下的句子：

我的存款少得可憐 *** 我覺得很沮喪 *** 我覺得很焦慮 *** 所以我試著不去想它 *** 我不想去想它 *** 但它總是提醒我 *** 事情

本來可以不一樣。

　　我覺得自己失去了很多 *** 安全感和依靠感 *** 我覺得很感傷 *** 也許我從未真正感到安全 *** 我缺乏保障 *** 如果發生什麼意外怎麼辦？ *** 我沒有任何準備 *** 失望與悲傷 *** 失落感 *** 我感受到 *** 悲傷與不安 *** 都來自沒有存款。

　　我心中充滿悲傷與恐懼 *** 我原本可以發展得更好 *** 現在卻感覺根本做不到！ *** 但是我肯定自己的感受 *** 以及我真正的渴望 *** 我想要感到安全與受到支持。

＊請注意，在輕敲的過程中，情緒可能會變得更加強烈，然後才會開始逐漸減輕。

　　請重複進行上述練習，直到你對這些話所引發的情緒不再強烈，也不再認同它們。現在請回想符合財務創傷定義的過往事件。當你想到那件事時，請以 1～10 評估情緒強度，1 代表毫無感覺，10 代表極為強烈，並將數字與引發的情緒記錄下來。

敲打練習：釋放與存款相關的財務創傷

請依序輕敲各個穴位，同時說出以下的句子：

> 我知道為什麼自己的存款這麼少 *** 這一切都是因為那件事 *** 我現在清楚地知道 *** 所以我試著不去想它 *** 但證據明明白白擺在眼前 *** 我仍然在為那一天發生的事付出代價 *** 如果我當初沒有做出那些決定 *** 事情的發展原本可以完全不同!
>
> 如果那件事沒有發生 *** 一想起那件事就令我感到懊惱 *** 老天太不公平 *** 我多希望一切可以重來! *** 但是我做不到,這更讓人沮喪 *** 令人洩氣! *** 而我所犯下的錯誤 *** 為什麼我那麼愚蠢?
>
> 還有那些背叛 *** 太令人震驚 *** 我到現在仍然難以置信 *** 我的財務規劃全被毀了 *** 想要放下真的很難 *** 但我為什麼要放下? *** 沒有人了解它造成的問題 *** 還有我損失了多少金錢。
>
> 我要如何原諒和遺忘? *** 我肯定這件事,也肯定我所有的感受 *** 我願意敞開內心放下一切 *** 這樣我才能帶著全新的能量重新出發 *** 我可以從今天開始 *** 如果我能放下那件事 *** 我就能自由地重新開始!

請做一次深呼吸,然後再次檢視回想那件事時,你的感受有多強烈。敲打法會持續淡化這些情緒和記憶,讓你帶著全新的能量向前邁進。重要的是你必須意識到,每當你想到存款數字時,就會引發身體的「戰或逃」反應,像是恐懼、焦慮、恐慌、沮喪,以及悲傷、憂鬱、失落等負面情緒,並產生嚴厲的自我批判與對自我理財能力的羞愧感。

請問問自己：「我願意投入多少時間和精力，專注於設定存款目標，並且努力實現？」我指的是將所有行動、精力與注意力完全專注於某件事上，讓你的存款增加一倍、三倍，甚至十倍、百倍。許多人根本做不到，甚至連想都沒想過，因為這會勾起痛苦的情緒，就像艾瑪一樣。大家都想要健全的存款數字，卻缺乏目標或計畫，更別說付諸真正的行動。面對你現在的存款數字（或沒有存款的現實）可能令人沮喪，而這正是敲打法發揮強大作用的地方！它能夠減輕、化解並徹底清理你對存款的沉重情緒負擔。

　　敲打法能夠透過釋放與存款相關的財務創傷，徹底改變你的關注焦點、熱情和信念。它還能激發你設定存款目標的意願，並以更有效的方式達成這些目標。這些都是改變的積極力量。在進行過幾回敲打法之後，你可能會對累積存款這件事充滿期待和動力，甚至積極地思考：「我現在的情況就是這樣，但是我真的很想存很多錢！」這就是轉變開始發生的時刻。

　　當你重新擁有動力與關注焦點後，就能夠下定決心成為傑出的金錢管理者。這一點非常重要，因為賺錢只是其中一部分，想要快速增加存款，你還需要具備扎實的理財技巧和策略。然而，當負面情緒如排山倒海般襲來並影響你的行為時，你就無法投入時間、精力和注意力好好理財。你可以參加無數課程，閱讀各種理財書，設定更高目標，但在清理所有的財務創傷之前，你還是無法有效地運用所學。

敲打練習：創造驚人的存款

請依序輕敲各個穴位，同時說出以下的句子：

當我看著自己的存款 *** 並想起那件事時 *** 我經常咒罵自己 *** 懷疑自己的理財能力 *** 我沒有厲害的理財知識 *** 有時候甚至覺得自己根本不會理財 *** 我在金錢方面從來都不聰明 *** 回想過去發生的一些事情，更讓我認為自己在理財方面實在很糟糕 *** 有這種批評和先入為主的想法 *** 難怪我一點都不想把心思花在理財上 *** 也難怪我沒有計畫 *** 不過，那已經過去了，現在不一樣了 *** 或許我還不具備所有的理財技巧 *** 但我現在決定自我成長 *** 成為一個更好的金錢管理者！

我很聰明 *** 也願意學習 *** 我現在願意投入時間 *** 願意專注在自己的財務上 *** 成為一個聰明且精明的金錢管理者 *** 甚至是一個有百萬存款的金錢管理者 *** 當我把心思放在存款上 *** 它就會累積和增長 *** 我可以從過去的經驗中學習 *** 得到成長，並朝著未來邁進 *** 我做得到 *** 而且我今天就要開始！

假如你現在意識到影響自身財務狀況的創傷，而且它帶給你的感受依然十分強烈，請在進行敲打法時，一邊輕敲、一邊更明確地敘述發生的事。當不同的念頭和情緒浮現時，請大聲地宣洩出來。有時候，

如果發生的事情非常不公平且似乎未妥善解決時，你可能會無法輕易放下，比如「沒有人承認自己錯了，也沒有人道歉」或「我從來沒有得到補償，甚至沒有人承認我的損失」。在這種情況下，你會更抗拒放下，除非你允許自己說出這些創傷，即使聽起來有點像在自怨自艾。敲打法能夠釋放這些創傷，讓它對你和你的生活變得微不足道。你也可以嘗試我在第十一章提及的「電影技巧」。

利用敲打法面對財務創傷，是最具啟發也最自由的方式。財務創傷會大幅影響金錢對你產生的精力與能量。每當你看到自己擁有的金錢如此有限時，就可能勾起某段創傷，並引發沉重的情緒。或許你沒有意識到創傷的存在，但你的身體會感受到，吸引力法則也會做出回應。每當你檢視自己的財務狀況、回憶創傷經驗、覺察負面情緒時，都會阻礙你實現設定的目標，像是「我要成為有能力的金錢管理者」、「我要讓我的事業翻倍成長」、「這一次我一定要成功」，這些原本良好的意圖都會被財務創傷所阻撓。

你可以整天將那些目標掛在嘴邊，但假如你的內在對話是「我搞砸了」、「我沒有做好」、「我沒有從中學到教訓，現在甚至不信任自己」，那麼這些目標就不具任何意義。人類有與生俱來的自信，但當發生了某些事情，讓你不再信任自己、他人或整個宇宙時，你就會退縮，無法跨出讓自己變得更好的步伐，也就無法成為能增加財富的人。創傷事件會讓你變得封閉、恐懼、緊張，並在金錢方面小心防備。在這種創傷狀態下，無論你做任何與金錢相關的努力，都不會達到百分之

百的效果。

當你運用敲打法清理創傷帶來的能量、記憶和負面情緒,就能迎來驚人的轉變與收穫。你的整體能量、心態、熱情,尤其是自信,都將大幅提升,甚至到難以形容的地步。

第七章

負債造成的阻礙

你是否曾意識到「負債」這兩個字能帶給你多糟糕的感受？假如你背負某些不良債務，像是信用卡欠款或債務整合貸款，你可能會有種肩負重擔的感覺，進而產生負面情緒，整個人彷彿被烏雲籠罩。有些人甚至形容這種感覺「苦不堪言」，因為它始終存在，而且永遠都是負面的。更痛苦的是，當你越去思考，通常只會感覺越糟！這也是為什麼人們往往選擇逃避，不願去面對它。

情感負債

負債主要分為兩類：良性負債與惡性負債。良性負債包括能夠增值或增加收入的資產和投資。房屋貸款就是良性負債的一種，因為你付的貸款不只是單純地付租金，而是在累積資產。雖然有些人的房屋價值可能低於購買時的價格，但大多數的房產投資都會隨著時間逐漸增值。儘管良性負債還是需要把錢付出去，但它不像惡性負債那樣會帶來負面情緒；事實恰好相反，因為良性債務代表你明智地投資，並且聰明地運

用財務資源。

了解惡性負債從何而來非常重要，因為它的成因會大大影響你對負債的感受。大多數的信用卡債務都是因為購買消耗性商品或會貶值的東西，像是服飾、餐飲或衝動購物。有些人會因為卡債過高，或其他更慘的財務創傷而申請信用貸款，可能是生病或意外產生的醫療費用、經商失敗，或是遭受背叛所導致的經濟損失。

惡性負債可能會引發恐慌，或讓人不知所措，甚至造成胃痛。惡性負債就像是黑洞，會把所有關於創造財富的美好意圖吸進負面的漩渦之中。這樣的說法聽起來可能有點誇張，不過當你仔細審視負債帶來的所有負面影響時，就會明白這是真的。從吸引力法則的角度來看，惡性負債確實是種惡性循環。一旦開始累積負債，情況往往會變得越來越糟，因為吸引力法則會吸收你的念頭並做出回應。

我們來看看吸引力法則的運作方式。當債務的念頭不斷湧入腦海，你會持續感到某種程度的驚慌，進而引發對未來的擔憂，甚至想像出許多自己無法實現的事。你可能不停思考該如何還清債務，或者憂心情況是否會惡化，結果導致難以入睡，甚至在半夜驚醒。對數以百萬計的人來說，債務每天都會多次觸發壓力反應。由於吸引力法則會帶來更多你反覆思考的事物，當你持續對債務產生恐慌與焦慮等強烈情緒，就會吸引到更多自己「不」想要的結果。這讓你很難有效地運用吸引力法則，因為負面情緒往往會壓過任何正面的願景。

雖然把負債放在心上並為它擔憂，好像是比較負責任的行為，但這

麼做毫無意義，甚至會造成反效果。許多人似乎擁有某種信念，認為這麼做是有意義的，或者出於「我必須記取教訓」，或是當成自我懲罰的過程，於是時時刻刻都惦記著負債。但是當這個壓力變得不堪負荷並令人沮喪時，人們往往會選擇轉換心態，試圖假裝它不存在。遺憾的是，這個焦慮和恐慌的感覺始終都潛伏在潛意識中，讓人長期處於負面狀態。

負債會引發許多負面情緒，包括憤怒、挫折、絕望、無助，甚至自責，或是把矛頭指向這個世界，歸咎於債權人、政府或是伴侶等等。大多數因負債而深深感到內疚與羞愧的人，往往也相信他們是自作自受、罪有應得。這種想法可能會導致他們覺得自己是受害者。然而這些負面情緒和認為自己應該受到懲罰的念頭毫無幫助，只會讓你更加看不起自己的人格、能力和潛力。背負著這些感受會奪走你脫離負債所需要的能量、願景與創造力，讓你更無法翻身。

☙ 擔心負債會製造更多負債。 ❧

由於債務的念頭在腦海中反覆出現，你很容易陷入極度負面的狀態。這種煎熬常常使人想透過花錢來緩解痛苦，我們戲稱為「購物療法」。它確實能帶來短暫的快樂，卻同時讓債務問題更加惡化。購買新奇、美麗或有趣的東西，雖然能帶來片刻的振奮與解脫，但帳單到來時，情況只會更糟。除了購物之外，還有許多不健康的「療法」，我

將它們稱為「過度行為」，例如暴飲暴食、酗酒或過度狂歡。這些行為不僅會耗費金錢，在短暫的快感消退後，還會讓人感覺更加痛苦。

負債與你的內在價值

你的債務是否隱藏著更深層的意義？當你看到自己欠下的債務時，或許很難相信透過個人成長和敲打法就能獲得轉機。表面上看來，負債是非常現實和迫切的問題，由外在因素或個人錯誤所造成，應該不需要透過內在探索來解決。老實說，我第一次聽到財務專家蘇絲·歐曼（Suze Orman）提到「你的內在價值會反映在你的資產上」時，也很難理解兩者之間的關聯。但如果你願意更深入探討，就會發現你的負債問題絕對需要透過內在功課來解決。

無論你是如何陷入債務，或是在其他領域取得了多少成就，債務始終提醒著你「有所不足」。它反映出，若以金錢數字來衡量，你為了賺錢所付出的努力並不夠。債務總是告訴你，你的天賦、時間與精力的價值都不夠。這正是許多人談到債務時會說的話：「無論我再怎麼努力，無論我怎麼做，永遠都不夠。」當你能夠將債務視為內在信念的投射時，就會開始理解，它其實是你內心狀態的具體呈現。在某種程度上，你相信自己沒有足夠的價值，並認為自己的天賦、才能、努力與時間都不夠珍貴，難以換得渴望的財富。

> 債務是你的內在價值在現實世界中的投射，
> 以黑白分明的金錢數字呈現。

為了明白這個內在信念在多大程度上阻礙著你，你需要檢視自己付出的努力、時間、精力是否得到相對應的收入。許多人日以繼夜地工作，他們滿懷熱情，願意伸出援手，甚至為工作犧牲自我。這些人「看起來」事業有成，對工作或幫助對象無怨無悔地付出，因此廣受大家愛戴與尊重。然而這當中許多人都有個不為人知的祕密，那就是他們背負著債務。即使外在看起來光鮮亮麗，這筆負債卻主導著他們的內在感受。他們會用無可辯駁的財務狀況，來投射內心深處覺得自己不夠好的衝突信念。負債是可以用數字表示的物質形式，反映出潛意識中的自我價值。假如你正背負債務，那麼不妨深入檢視你對自我價值的最深層信念，以及你如何衡量自己付出的時間和精力的價值。這會是改善財務狀況的重要第一步。

雖然提到債務問題聽起來有些沉重，但是當你做了必要的內在功課，就再也不需要透過債務來投射內在價值，也不會讓自己再次陷入負債的處境。當你清理這些內在信念並提升自我價值（詳見第十二章）後，你的債務也會隨之消失。為什麼會這樣呢？這是因為你的內在世界所孕育的創造力、能量與行動，會造就出你的外在世界。當你提升對自身價值的內在信念，為了反映出這份更高的價值，你賺取和管理金錢的方式也會改變！

了解負債帶給你的感受

你可以透過敲打法逐步梳理負債背後的情緒。假如你能減少和清理所有和負債相關的負面反應，就能擺脫那些使你持續陷入負債的信念和情緒。即使你現在沒有任何負債，也可以試著敲打幾回，看看自己有什麼感受。因為就算沒有負債，許多人仍然會擔心或害怕自己將來可能出現債務問題。以下的練習可以幫助你檢視自己對負債的情緒，總共分為兩個部分。讓我們從第一部分開始：

=========== **練習：你對負債的感受（1）** ===========

請用非常大的字體在一張紙寫下你的債務總額，並在前面加上一個醒目的符號。有些人會使用紅色標記，這樣在視覺上更能激發強烈的情緒。請你務必誠實面對自己，計算出所有的負債，包括信用卡、個人貸款或車貸等等。你可能覺得自己的收入明明不錯，卻總在為收支平衡煩惱。這可能代表你正在過入不敷出的生活，只是你一直在自欺欺人，而這只會讓你的負債不斷增加。

這個債務數字可能會讓你感到不安，但它會帶來一股新的力量，同時增強你清償債務的決心。請看著你寫下的數字，並且大聲說出以下句子：「我有 ＿＿＿＿＿＿＿＿＿＿ 元負債。」請留意自己在說出這個數字時內心浮現的感受，以及身體最真實的感覺。

當你思考、談論或感受自己的負債時，通常很快就會浮現各種情緒。正如第五章所討論的，這些當你碰到和錢有關的事就會感受到的情緒，源自你從童年時期就被灌輸的金錢觀。在百分之九十九的情況中，你在檢視負債時浮現的第一個感受，就是你處理金錢的主要動力。如果焦慮和恐懼先出現（普遍如此），請容許自己花點時間去理解和消化這件事，讓自己保持清醒和覺察：「我被灌輸要對金錢感到恐懼，我被灌輸要對金錢感到恐慌。」除了最先出現的情緒之外，還會有一連串從恐懼到焦慮，再到恐慌和悲傷的連鎖效應。

這個練習不只是發現「哇，我檢視自己的負債時會覺得焦慮」就結束了。你對金錢的焦慮會影響你處理每一件和錢有關的事。這不只會影響你欠多少錢，還會影響你如何管理金錢，以及你可能擁有的財富規模。當你清理這些感受之後，就會發現自己在許多和錢有關的方面都出現明顯的變化。現在你已經知道負債會引發的感受，接下來請進行第二部分的練習，了解債務如何影響你對自己的看法。

======= **練習：你對負債的感受（2）** =======

請思考你的負債，然後完成以下這個句子：

「這筆負債代表我 ＿＿＿＿＿＿＿＿＿＿＿＿＿。」

當你意識到主宰自己行動的情緒之後，你在第二行填寫的內容，會反映出你如何把自我價值以及個人能力與金錢連結在一起。人們通常會填入非常負面的答案。最常見的回答是：「這代表我是個失敗者，數字就擺在眼前，沒有什麼好辯解的。」當你透過負債所產生的情緒來評價自己，往往會相當苛刻。其他常見的回答包括：

- 「這代表無論我做什麼都不夠，永遠都不夠。」
- 「這代表我沒救了，只有徹底絕望和無能為力。」
- 「這代表我不夠聰明，沒辦法變有錢。」
- 「這代表吸引力法則對我不管用。」

這些感受成為了你定義自己和自身能力的一部分，也說明負債如何扭曲你的自我形象。當你以這種方式思考自己的負債時，你在練習中所填入的答案可能會帶來極大的打擊。如同第三章中提到的，人們在思考負債對自己的影響時，會浮現內心最負面、最消極的事物。這正是瑪麗的情況。瑪麗是一名律師，她和丈夫都有可觀的收入。然而她來找我的原因，是因為兩人的生活被存款和帳單的壓力所籠罩，時常處於恐慌與爭吵之中。他們的開銷經常透支，帳單堆積如山，經常逾期繳費，也還沒為兒子的大學教育基金或自己的退休計畫做任何準備。

瑪麗和丈夫算是親密且快樂的夫妻，但是需要處理帳單和討論收支時，總讓兩人感到非常痛苦，因為夫妻倆在這方面都選擇無視和逃避，

偶爾提及時又會互相責怪，最後引起令人沮喪的爭吵。瑪麗知道他們正在走向災難，她非常希望能夠好好管理他們的財務，但她對此感到既害怕又無能為力。當我們探索她的反應時，瑪麗透露：「我不能抱怨，這一切都是我造成的。是我害這個家和丈夫背負了這些債務。」瑪麗充滿了無助和絕望，她說：「現實就是如此，我們永遠無法擺脫這一切！」

這些自責和內疚的感受，讓瑪麗無法採取任何積極主動的方式來處理帳單，也使得她和丈夫從未真正討論兩人的退休規劃和兒子的大學基金。「有什麼意義呢？」她說。在透過敲打法清理所有對負債的內疚感之後，瑪麗的心態發生了巨大的轉變，隱藏在她內心那個精明能幹的律師突然出現，也準備好採取行動並贏得勝利。瑪麗找回了勇氣，她和丈夫仔細檢視兩人的財務狀況，並制定了一個未雨綢繆的計畫。瑪麗的丈夫也從最初的完全抗拒，變成感到寬慰和支持，尤其是在看到瑪麗滿心喜悅地準時繳清帳單時。

清理負債的負面感受

如果你對以上的練習感到抗拒，或是在填空時被負面情緒干擾，我希望你能繼續努力完成，因為敲打法能幫助你快速脫離這些不自在的負面感受，讓你覺得更有安全感。這些不自在的感受一旦消失，你就能夠做出不一樣的選擇，讓自己從負債到致富，開啟嶄新的局面。

這些練習有時候會觸發過去導致負債的狀況或事件的記憶，同時勾起依然停留在內心的憤怒、痛楚、遺憾或悲傷。如果有新的感受浮現，就代表你找了出非常關鍵的部分！正如我在第六章中提到的，許多參加工作坊的學員以及前來尋求幫助的客戶，他們的負債背後往往藏著財務創傷。

在進行敲打法之前，請先回想你在第一部分的練習中意識到的主要情緒，以及它帶給你的感受，然後看著你的債務數字和「這筆負債代表我＿＿＿＿＿＿＿＿＿＿」的回答。接下來的敲打練習聚焦在大多數人的負面念頭，其中包含非常黑暗的情緒，如果可能的話，請盡量以你自己的感受來取代。我要再次強調，透過敲打練習來清理內心黑暗的念頭時，並不會強化它們，因為無論真實是否，敲打法都會化解這些情緒，讓它們消散。

敲打練習：清理你對負債的感受（1）

請依序輕敲各個穴位，同時說出以下的句子或你自己的話：

我有這些負債 *** 我能感受到它 *** 我覺得焦慮 *** 那種感覺攸關生死 *** 真的很糟，我感到恐慌、害怕和擔心 *** 我非常羞愧，也非常難為情 *** 我應該感到羞愧；我認為自己應該為此感到羞恥 *** 這件事真的不可原諒 *** 這就是我的感受。

> 　　我的負債令人羞愧和尷尬 *** 它代表我 ＿＿＿＿＿＿＿＿＿
> *** 啊，真是嚴厲的批判，真的好痛苦，我正走向失敗 *** 我是個失敗者 *** 無論我做什麼，永遠都不夠 *** 這大概是我活該。
> 　　悲傷、恐懼 *** 失望、無力感 *** 我確實感受到負債帶來的失落感 *** 因為這些負債，我永遠無法擁有安全感 *** 我永遠無法建立安穩的財務基礎 *** 所有這些因負債而產生的情緒 *** 我完全肯定它們。

　　請做一次深呼吸，然後再重複一次。第一次的練習通常就能稍微減緩情緒，但若負債問題十分嚴重，可能需要多做幾次才能逐漸緩和。請依照當下最強烈的感受，調整自己的語句。

　　接下來的敲打練習聚焦在「我做的永遠不夠」的感受與信念。請誠實面對自己，並且以 1～10 評估，以下這句話對你有多真實？「無論我怎麼做，永遠都不夠。」

敲打練習：清理你對負債的感受（2）

請輕敲手刀部位，同時大聲說出以下的句子：

> 　　我非常討厭面對我的債務狀況，因為它提醒著我無論做什麼永遠都不夠，讓我覺得自己永遠都不可能成功。

請依序輕敲各個穴位，同時說出以下的句子：

我討厭這件事 *** 我永遠不可能成功 *** 我永遠沒有喘息的機會 *** 無論我怎麼做，永遠都不夠 *** 也許我不夠優秀 *** 這讓我感受到前所未有的無力 *** 無論我怎麼做都不夠 *** 這讓我感覺自己不夠好。

我一定不夠好，因為我老是達不到目標 *** 我一定不夠好 *** 白紙黑字的數字就是最好的證明 *** 我的債務就是證據 *** 我就是做不好 *** 我一定做錯了什麼 *** 我就是不夠好 *** 這個長久以來的信念告訴我，我就是不夠好 *** 無論我怎麼做，永遠都不夠。

請先做一次深呼吸，感受一下自己目前的狀態。以上的敲打練習可能會引發許多感受、情緒、念頭、記憶或身體反應。請把它們都寫下來。這些都可以透過敲打法來處理。當你克服了它們之後，就能夠打破過去的模式。這兩個敲打練習能幫助你淡化負債產生的情緒，很多人都說自己的心情變得比較平靜，他們會說：「這只是目前的情況，我看到的只是一個數字，它不會讓我覺得自己是個失敗者，這只是紙上的一個數字。」這是一個巨大的轉變，除了幫助你擺脫恐懼、憤怒和悲傷的「戰或逃」反應之外，也能幫助你放下之前加諸在自己身上的負面自我形象。

接下來的敲打練習將聚焦在提升正能量，找出你本身擁有的優點，

並做出正向的回應。一旦藉由先前的敲打練習清理了負面情緒後,接下來要做的是向自己和世界宣告:「我真的想要償還這筆負債,我是一個有誠信的人,我有我的自尊,並為此感到驕傲。我現在要全心全意實現這個目標。」在你清理負面情緒之前,每當想到自己的債務,幾乎不會以正面的心態回應與負債相關的任何事,你只想逃避,連想都不願意去想,更不會因為自己有償還的意願或想要改變就肯定自己。

當你從黑暗轉向更明亮的狀態時,就是開始產生巨大轉變的時刻。假如你能夠以中立的角度來看待負債,一切都將因你的改變而改變,從原本的憤怒、悲傷、羞愧,到開始感到充滿希望、熱誠、自信和榮譽。這時,你吸引財富的整體能量就會變得更加強大。接下來的敲打練習,將開啟這個轉變的過程。

正面的敲打練習:對消除負債說「我願意」

現在,請繼續輕敲各個穴位,同時說出以下句子或你自己的話:

現在 *** 我的負債還是在 *** 這點並沒有改變 *** 但我改變了,感覺更平靜 *** 我現在只把這筆負債視為當下的現實狀況,它是可以改變的 *** 我對未來的可能性更有信心,這是我的決心 *** 我要正視它,清償這筆負債。這是一個非常好的決心 *** 我是一個有誠信的人 *** 我為這一點感到自豪 *** 事實上,我很希望能夠盡快還清這筆負債 *** 我一直因為這筆負債而自責 *** 一直在折磨自

己 *** 耗費了大量的心力 *** 這些心力其實應該用在還債上 *** 現在我要用正面的態度來面對，因為我真的想要償還這筆負債 *** 這是真心話 *** 這麼做值得肯定，所以我現在要肯定我自己！ *** 現在的我已經清理了負面情緒，是時候開始說「我願意」了。

對新的想法、資源和支持說「我願意」 *** 對能夠加速還債的行動、學習和成長說「我願意」 *** 我一直告訴自己，我不配擁有這些 *** 但現在我了解到正是這種想法讓我一直抬不起頭 *** 我現在要向奇蹟打開雙臂，希望它能出現 *** 我要讓奇蹟在我身上發生 *** 我的想法、行動和堅持就是我的奇蹟 *** 我已經從負債中學到了足夠的教訓 *** 我已經做好放下它的準備 *** 我準備釋放負債帶來的負能量 *** 放下悲傷 *** 放下無力感 *** 我已經做好說「我願意」的準備 *** 對我所需要的一切 *** 讓它迅速來到 *** 我要對奇蹟敞開接納的胸懷 *** 期待一個償還負債的奇蹟！ *** 我也要肯定自己 *** 因為我做得到！

請先做一次深呼吸。花一點時間寫下完成這個正面的敲打練習後，任何浮現在你腦海中的啟發。請留意現在當你想到負債時，有沒有什麼不一樣的感受。當阻礙被清除之後，靈感就能夠迅速且出乎預料地流淌，讓你變得更能夠接納更美好的財務藍圖。

從負債走向財富之路

「財富」與「金錢」這兩個名詞經常被混合使用，但財富代表的不僅僅只是金錢。財富可以被定義為以你感到安全、穩定、被支持的方式累積的金錢，讓你覺得擁有更多自由。對許多人來說，財富可能是足夠支付數個月生活開銷的存款，也可能是任何讓你在財務方面覺得更自由的資產。負債則恰好相反，它會讓你恐懼、不安、停滯與無力。財富的累積來自你的內在觀念以及兩個關鍵的外在因素，第一個關鍵顯然是收入，因為財富是你累積的錢，所以你的收入勢必會影響你能擁有多少財富。第二個關鍵則是理財，這部分會決定你的財富能增加到什麼程度。

想擁有財富，需要收入和理財相輔相成。累積財富的公式很簡單，就是收入加上理財。許多移民來到美國後，雖然工作多年來都是領取基本薪資，但透過聰明的理財方式，還是能存下足夠的錢，讓孩子上大學，甚至安心退休。但有些人剛好相反，他們每年能有數十萬美元的收入，卻把每一分錢花光，一點也不剩。所以說，光有收入並不夠，還需要懂得理財，而這個因素在吸引力法則中經常被忽略。

當我在研討會上提到這一點時，總是有人問：「如果理財這麼簡單，為什麼還是有這麼多人為了錢煩惱？」因為人們總在不知不覺中讓情緒掌控自己的金錢行為。人們會衝動購物或做出不理想的財務決定。許多人甚至直接兩手一攤說：「我就是不會理財！」這種想法只會深化

他們無法妥善理財的狀況，進而阻礙財富累積。良好的理財就從注意自己的用錢方式，以及找出真正的財富與收入目標開始。當你熱衷於此時，你會發現自己缺乏策略，進而找出適合自己的理財方式。

大家經常問我：「負債的人不是更聰明地規劃預算就可以了嗎？」無論是管理金錢還是設定並實現財富目標，確實經常涉及預算規劃。預算規劃在你為了達到更遠大、更積極的目標，特別是那些讓你更接近內心真正渴望與充滿熱情的事物時，才能達到最好的效果。你對預算規劃的態度會決定能否成功執行。然而，如果必須捨棄所有樂趣和自由，好讓自己省下更多錢，那麼大多數預算規劃都會讓你覺得像是懲罰。接下來，你會逐漸覺得匱乏，並且無法堅持下去。過了一段時間之後，你會產生反抗心理，最後直接放棄。

好消息是，當你用正確的方式制定預算，它就比較不像限制支出，而是為了達到目標或實踐致富的計畫。專注於財富目標能讓你更有自覺地克制衝動消費，這是出於自制能力，而不是被剝奪或匱乏。你可以這樣告訴自己：「我今天不買，是因為我更想實現自己設定的目標，而不是我買不起，所以不能買。」若是能夠管理並累積財富，你就更有機會創造自己夢想的財富。

> 因為「匱乏」而規劃的預算，會強化「匱乏」的感受。
> 以「目標」制定的預算，會強化「目標」實現。

想從負債走向累積財富,有幾個關鍵步驟。首先你必須讓理財變成習慣,成為你自然而然會去做的事。雖然不容易,但是可以藉由敲打法幫助你清理負債導致的負面情緒,讓你以輕鬆、自在的狀態制定更完善的理財策略。除此之外,開始創造更多收入也是必不可少的。因此,若是想要從負債走向累積財富,你需要:

- **辨識並清理金錢負面情緒**。無論是因為負債,還是來自其他方面的影響,請找出並清理這些負面情緒。
- **下定決心改變理財方式**。檢視你對金錢的態度,以及你為了從負債走向累積財富所付出的努力。接著請採取實際行動,讓改變真正發生。光是想像自己擁有更多錢,並不算是真正的行動,你需要改變日常生活中實際處理金錢的方式。請管理並運用你真正擁有的金錢。
- **增加收入**。若想要增加收入,最快速的方式就是邁開步伐,讓你的使命、個人能力和對世界的貢獻都大幅提升,並以開放的態度接納所有增加收入的機會。只要你這麼做,就會有更多迎向財富的機會。

決心理財的敲打法

對理財進行敲打法,可以幫助你清除可能存在的阻礙。我們在上一章已經進行過一些敲打練習,然而這個部分實在太重要了,我必須多談

一些。雖然聽起來可能不太吸引人或令人興奮，卻是清償債務並變得更富有的關鍵。接下來的敲打練習能幫助你下定決心，用全新的方式管理日常的開銷。這是一個非常重要的心態，許多人會說「我根本不會管錢」，卻沒意識到宇宙正在傾聽，當你越是這麼說，就越容易成真。在進行敲打練習時，請保持開放的態度，下定決心成為既出色又充滿力量的金錢管理者。

正面的敲打練習：下定決心成為金錢管理者

請輕敲手刀部位，同時說出以下的句子：

雖然眼前的事實是我有負債，而這代表我沒有好好理財，但我完全肯定自己。從現在開始，我下定決心要成為更好的金錢管理者。

雖然眼前的事實是，我一直逃避金錢，沒有好好理財，從來沒有明確的計畫，還有些壞習慣，但是我完全肯定自己。現在是我覺醒的時刻！我要和宇宙一起下定決心，開始好好理財。

請依序輕敲各個穴位，並說出以下的句子：

我下定決心做出改變 *** 從恐懼和壞習慣，轉向全新的理財方式 *** 我完全肯定全新的方式 *** 最適合我的方式 *** 不是別人的方式 *** 讓我感覺良好的方式 *** 我非常樂意管理一大筆錢 *** 所

以我要讓宇宙知道。

　　即使目前的我還不確定自己是一個優秀的金錢管理者 *** 但我現在下定決心 *** 讓自己成長 *** 成為一個了不起的金錢管理者 *** 現在的我還不知道該怎麼做 *** 但我相信宇宙會帶領我 *** 我已經準備好學習新技能，決心讓這個過程充滿樂趣 *** 我立志成為一個有能力的金錢管理者 *** 沒錯！就是這樣！

　　請做一次深呼吸。這個敲打練習應該能讓你深切體認到無論收入多寡，日常處理金錢的方式才是決定負債或財富自由的關鍵。許多人會疑惑，如果身上還有債務，根本沒有錢，該如何練習理財呢？敲打法就是一個關鍵步驟，它能幫助你消除負債，開啟你的財務獨立之路。這段旅程必須從某個地方起步，只有當你願意花時間計畫你的行動，並下定決心改變你的金錢習慣，你的負債狀況才能真正開始轉變。敲打法將協助你堅定意志，努力減少負債。

第八章

你的潛在意圖

　　我將在第九章和第十章帶領你設定可以激發想法和行動的積極目標，邁向新的財富格局。但在這之前，你需要先進行一項非常重要的任務，那就是找出並清理任何可能與賺更多錢有關的潛在意圖。這些意圖和你想賺更多錢的原因有關，也是你想要達成目標的潛在因素，如果放任這些意圖繼續存在，它們可能會分散你的注意力、延誤你的進展，甚至削弱你實現目標的行動力。

　　你該如何找出自己的潛在意圖呢？接下來的練習能夠幫助你揭開所有的答案。

認識你的潛在意圖

=== 練習：尋找潛在意圖 ===

　　在下一章中，你將設定一個收入目標，但在那之前，請先選一個比目前收入多三到四倍的數字，並想像自己在未來擁有這樣的收入，然後回答以下問題：

當我賺到這麼多錢時，我終於覺得：

1. ＿＿＿＿＿＿　2. ＿＿＿＿＿＿　3. ＿＿＿＿＿＿。

我終於明白自己：

1. ＿＿＿＿＿＿　2. ＿＿＿＿＿＿　3. ＿＿＿＿＿＿。

我終於可以向＿＿＿＿＿＿（人名）證明＿＿＿＿＿＿。

我常聽到的答案包括：

- 「我終於覺得有安全感！」
- 「我終於覺得平靜、快樂與強大。」
- 「我終於覺得受到肯定，知道自己夠聰明、夠優秀，是個贏家。」
- 「我終於明白自己有資格賺到更好的收入。」
- 「我終於能向媽媽／爸爸／老師證明我做得到，證明我選對了路，能用自己的方式獲得成功。」
- 「我終於能向每個人證明他們都錯了。我是不平凡的人。」

對某些人來說，他們的答案偏向整體宇宙與精神層面的真理：

- 上帝確實關心／獎勵好人，上帝真的關照我。
- 吸引力法則／在逆境中保持信念確實有用。
- 宇宙確實是豐盛的，夢想確實能夠成真。

這些動機顯示出收入目標潛藏的個人意圖和情感需求，大致可以分為三個類別：

1. 你最終能夠感受到的狀態，例如：安全感或自由。
2. 你最終能夠證明或得到肯定的部分，例如：你的價值或才華。
3. 你最終能夠成為的模樣，例如：贏家、強大的人、受尊敬的人。

你的答案揭露了潛意識裡與賺更多錢連結在一起的情緒和心理需求。在你追求擁有更多錢的目標時，這些潛在意圖會增添額外的壓力，還會賦予非必要的附加意義。在許多情況下，這個意義來自你與自我、父母、不看好你的人或神的內在衝突。

潛在意圖如何阻礙目標

潛在意圖不但會阻礙你自由地為更多人提供才華、天賦、有價值的產品或服務來增加收入，也會在你實現目標的過程中製造情緒浩劫。你是否曾經在團隊合作的任務中遇到過懷有潛在意圖的隊友？你能清楚感

受到你們的共同目標沒有他們自己沒意識到的某件事來得重要。這些帶有潛在意圖的人往往會成為導致目標無法達成的破壞者。這正是為什麼在你開始邁向目標之前，務必要找出並清理內心所有的潛在意圖。

如果你不清理潛在意圖，它會在你追求目標的過程中，產生更遠大甚至不切實際的期望，並且帶來更具毀滅性的低潮。當你遇到一般的挑戰時，這些潛在意圖會讓你覺得挑戰是衝著自己來的。你不會單純地把它視為目標被延遲，或是可以努力克服的事，而會覺得與你隱藏意圖連結的需求被壓抑或被阻擋。結果，你會變得更加沮喪、失望、悲傷、焦慮，甚至陷入憂鬱，也更難集中精力與專注力去應對挑戰。

從事顧問工作的人經常會有這種經歷。他們能夠以積極的專注態度和熱情，協助他人在完成任務和實現目標的過程中面對各種挑戰，但換成自己面對挑戰時卻潰不成軍，變得情緒化與拖延被動。請回想你為自己設定的目標，以及你如何應對挑戰。如果你仔細檢視，可能會發現有某些潛在的因素一直在暗中主導全局，並與你的目標相互對抗。例如，當你的目標帶有「達成這個目標後，我終於可以證明自己夠優秀、夠有價值」的意圖，代表你長期以來都處在得不到認可的循環之中。

你可能會在潛意識中認為自己正在努力克服或推翻一直以來所相信的「事實」：「我永遠都不夠聰明」。當你陷入這種對抗狀態時，無論遇到什麼樣的人或情況，相同的模式總會不斷重複上演。以這個例子來說，你會重複以下模式：

- 你在潛意識中形成慣性模式，需要證明自己夠優秀、夠聰明、夠有價值等等，從而得到他人的認可。
- 你會吸引符合這個模式的人，例如愛挑剔、負面思考、難以取悅的人，更加應證「你不夠好」。
- 你會吸引各種狀況和事件，再次證明你有所缺失、犯下錯誤或不夠努力。
- 你會與這些人和狀況對抗，但最終總是受傷、崩潰、失望，甚至喪失動力。
- 等你恢復過來後，你又會重蹈覆轍，在面對看似完全不同的狀況和不同的人時，重新上演相同的劇本。

這樣的模式可能已經在過去重複上演了好幾次。如果你能夠退幾步看清這種模式，將會得到深刻的啟發與力量，然而如果你帶著這些潛在意圖追求收入目標，就會持續吸引讓你重複陷入相同模式的人與狀況，最終破壞你的努力。

事實上，你想要尋求安全感、獨立自主、得到他人認可、擁有自由選擇與展現才華的內在需求都是真實的，也需要予以正視與接納。當你更加意識到這些需求時，才能採取行動來滿足它們，然後將它們從潛在意圖的清單上刪除。唯有面對並處理這些內在需求，你才能停止證明自己，開始自由地朝著收入目標邁進，最終創造美好的事物。

找出你的潛在意圖

接下來就讓我舉出幾個例子，引導你找出過去可能一直重複上演的潛在意圖。除非你能意識到這些模式並加以改變，否則同樣的事件還是會不斷出現。

例一：「我需要賺到這筆錢，只要我做到，就能夠感到安全與安心。」這樣的想法來自於你從來不曾真正感到安全與安心，這會反映在你的金錢觀以及人生的其他層面。這個意圖來自你和「我永遠無法得到足夠的安全感或金錢來養活自己」以及「人們普遍不值得信任」的信念對抗，導致你在財務、目標設定和人際關係上產生焦慮感，使你反覆陷入過勞或生活在恐懼中的狀態。你會吸引那些加深這種恐懼的人和事件，並讓同樣的狀況一再發生。除非你能清理這些潛在意圖，否則你只會感到越來越悲傷、焦慮與期望落空。

例二：「我需要賺到這筆錢。只要我做到，就能證明我夠好、夠聰明、夠有價值，並且得到認可。」這樣的想法來自你從未真正感到被正視、被獎勵，或自己的才能被認可。你一直在與過去對抗，想要證明那些曾經覺得你不夠好的人是錯的，但又害怕被揭穿，反而應證了自己的確是個失敗者、確實做錯了，而且真的不夠好。雖然這個意圖的來源是希望自己得到渴望已久的認可，但這樣的心態只會吸引那些讓你更覺得「我還不夠好」的人和情況，使你變得更憂鬱、沮喪，充滿無力感、失去自信和自尊，甚至開始自我批判。

例三：「我需要賺到這筆錢。只要我做到，就能證明我是對的，他們（父母、師長、手足等）都錯看了我，我是個有能力功成名就的人。」這種想法來自你總是覺得別人看不起你、嘲諷你，甚至企圖打壓你的夢想。你在跟過去那些讓你覺得自己是個失敗者、「永遠成不了什麼大器」、「總是會搞砸一切」的人和遭遇對抗。這樣的意圖通常會造成「大起大落」的模式，你可能會經歷令人驚豔的成功，但隨即又會破壞一切。你會吸引那些讓你覺得「全世界都在跟我作對，也許我真的很失敗」的人和狀況，因此更感到憤恨不平、挫敗，甚至陷入絕望和憂鬱。

派屈克是一位商人，也是一名父親和丈夫，我在他身上發現了一個潛在意圖。派屈克的父親在他小時候經常對家人惡言相向，還因為酗酒把家裡的錢都揮霍光了。派屈克的母親總是憂心忡忡、充滿恐懼，因為她幾乎連自己的孩子都餵不飽。派屈克對這一切歷歷在目，他不但痛恨自己的父親，還發誓絕對不會變得像他一樣。派屈克決心要成為一個好父親，也絕不讓自己再過窮困的生活。後來，派屈克建立了成功的事業，也成為了顧家的男人，但他始終記得對父親的不滿和當年立下的誓言。即使父親已經去世多年，派屈克也變得富有和成功，他仍然在內心與父親對話：「你看到了嗎？我說過永遠不會跟你一樣！」他對著天空怒吼：「你說我永遠都不會成功，但是我贏了！我一點都不像你！」

然而，一切突然開始崩塌。派屈克的事業在短短的十八個月內從巔

峰跌到谷底,大部分的生意和資金也跟著賠掉,他的妻子不得不長時間加班工作。派屈克完全無法置信,他不禁驚慌失措,感到憤怒和被所有人(甚至包括神)背叛。派屈克對自己沒辦法繼續成為家中的經濟支柱感到羞愧,因此鬱鬱寡歡。他最後因為無法看著妻子如此辛苦工作而搬離開家。派屈克向我坦承:「我變成了自己最痛恨並且發誓絕不會成為的那種人。我跟我父親一模一樣。」無論是人還是境遇,派屈克重現了自己一輩子都在對抗的模式。我和派屈克一起努力,幫助他釋放對當下處境所感受到的內疚、羞恥和憤怒。

派屈克清楚地看見自己的對抗模式,以及他如何將「證明父親錯了」的意圖加諸在每一項成就當中。派屈克的成功之所以總是走向毀滅,都來自潛意識的自我破壞,這樣一來對抗模式才能重複上演。這份覺察瞬間改變了派屈克!當沉重的負擔卸下之後,派屈克感到前所未有的自由,他開始以充沛的活力、自信和決心重建自己的生活與財富。派屈克最終與家人和解,並開始設定新的財富與事業目標。這一次,不是為了證明父親錯了,而是為了享受以自己的方式創造人生的喜悅。

將潛在意圖轉變為積極的動力

在達成賺更多錢的目標背後,有什麼更深層的動力呢?這是非常重要的問題,因為它能幫助你找到更強大的動力和更清晰的方向。朝著目標努力的過程應該是有成就感且令人享受的,這是一個很好的動力!

當收入大幅增加，你的生活方式通常會產生明顯的轉變，變得更有趣、更令人興奮。另一個很好的動力，則是因為你向更多人提供了有價值的產品、服務或才能，因此收入大增。能做著自己最喜愛的事，並為許多人貢獻一己之力，而這些人也因為你的付出受益並感到欣喜，這是多麼美好的事！

若是你的收入增加了三倍，這代表你貢獻出的獨特價值也成長了三倍。而當你從事自己最喜愛也最擅長的工作時，你會覺得自己生氣勃勃，充滿活力、積極和熱情，也看到了自己的價值被他人所接受。當你將這兩個動力放在心上，就能把目標建立在對自己最真實、最有益的基礎上，同時造福那些願意付出金錢的人。在這樣的狀況下，你會對賺錢感到心安理得，因為你每天都能自在地做自己，又能展現自己的才能和所長。當你在過程中遇到挑戰時，你的態度、精力、專注力和聰明才智都會被激發，幫助你度過難關。那麼，要如何將潛在意圖轉變為積極的動力呢？請進行以下這個練習：

══════ **練習：將潛在的意圖轉變為積極的動力** ══════

請完成前面練習過的句子，藉此找出隱藏在你目標中最明確、最真實的潛在意圖：「我真的需要賺到這筆錢。只要我做到，就能＿＿＿＿＿＿＿＿＿＿，證明我＿＿＿＿＿＿＿＿＿＿，讓我覺得＿＿＿＿＿＿＿＿＿＿。」

接著請向自己坦承：「我一直把自己長久渴望被肯定，想要證明

自己夠聰明、夠好的需求，加諸在收入目標之中，就像是一個祕密的潛在意圖。這讓我重複陷入與目標對抗的模式，吸引強化這個模式的人和狀況。現在的我已經準備好，要用實際的方式面對自己真正的需求，讓自己自由地朝著目標前進，享受發揮所長與創造財富帶來的喜悅。」

經過以上的練習之後，你已經準備好進行接下來的敲打練習，幫助你打破潛在意圖與負面循環，清理所有負能量，同時帶來更多頓悟。我強烈建議你大聲唸出以下的句子，並盡可能替換成你自己的話。

敲打練習：覺察並釋放對賺更多錢的執著

請依序輕敲各個穴位，同時說出以下的句子或你自己的話：

　　我真的需要這一筆錢！ *** 我需要它來證明我做到了 *** 我才能覺得自己得到認可 *** 才能證明自己夠優秀 *** 才能展現出自己的聰明才智！ *** 這筆錢對我的意義遠超過金錢本身 *** 我需要它來成為一個勝利者 *** 一個真正成功的人。

　　我終於可以向所有人證明 *** 甚至向我自己證明 *** 我做得到 *** 我足夠優秀 *** 我很重要 *** 當我賺到那麼多錢時 *** 我才能感到安全、安心、安穩 *** 才能自由地做我喜歡的事，擁有我想要

的一切。

　　我才能自由地做自己 *** 感受到自己的力量 *** 不再在乎別人怎麼想 *** 當我賺到那麼多錢時 *** 我才能證明所有人都錯了 *** 證明自己與眾不同 *** 證明我按照自己的方式做到了 *** 證明我不一樣。

　　我夠優秀 *** 夠聰明 *** 夠強大 *** 我終於可以成為值得獲得獎勵的人 *** 我需要這筆錢的理由多得數不清 *** 我不會忘記 *** 這就是我賺錢的動機 *** 我的潛在意圖，我會緊抓著它不放！

　　請做一次深呼吸，讓自己安靜停留片刻。留意在這一回練習之後，你是否產生任何不同的觀點。能夠覺察這個模式，是打破負面循環的重要一步，讓你能以全新的方式，自由地朝新目標前進！現在，請繼續進行正面的敲打練習。

正面的敲打練習：邁向積極改變

請依序輕敲各個穴位，同時說出以下的句子或你自己的話：

　　哇，我竟然在目標中加入了一個如此強烈的潛在意圖 *** 我可能在過去的所有目標中 *** 都加入了同樣的潛在意圖 *** 想要放下這些意圖真的很難 *** 這種對金錢的需求，其實都是為了讓自己終

於能感覺到 *** 安全 *** 自由 *** 被認可。

　　這對我來說太重要了！ *** 這些都是我一直想要的 *** 甚至是我一生都需要的！ *** 我曾經如此確信，這就是實現目標和獲得財富的正確方式 *** 但我願意接受另一種想法 *** 我可以用更直接的方式滿足這些需求 *** 我現在能夠坦然看待這些需求 *** 釐清背後的原因 *** 只要這麼做，我就能讓真正的收入目標變得有趣、令人期待，並且充滿可能性！

　　我願意釋放對收入目標的執著 *** 讓它代表應該代表的意義 *** 事實是，當我的收入大幅增加 *** 代表我和更多人分享了自己的才能 *** 以發揮最大價值的方式貢獻我的才能 *** 我熱愛分享我的才能 *** 我喜歡看到人們從我獨特的才能、產品或服務中受益 *** 看到他們開心，我也感到快樂 *** 因為他們喜歡，也真的因此受益。

　　這世界上還有許多人 *** 可以因為我獨特的才能 *** 以及我獨特的方式而受益 *** 現在，我願意賺取更多的錢 *** 以完完全全做自己的喜悅 *** 以發揮最大價值的方式 *** 貢獻我樂意付出的 *** 為了我最大的福祉 *** 也為了更多人的福祉。

第九章

遠大目標的絆腳石

設定明確目標，把它寫下來，並定期檢視進度，是大多數人普遍認可的成功關鍵。根據研究顯示，把目標用白紙黑字寫下來更可能達成目標。儘管道理聽起來很簡單，我發現絕大部分懷有夢想與想法的人，都會避免設定目標，特別是牽涉到金錢的目標。有人說想要賺更多錢或拓展事業，或是擁有足夠的錢去度假和支付帳單，但這些都是主觀的希冀，毫無具體數字或執行細節。很少人會真正去設定一個具體的收入目標，然而這就是你需要做的！為了創造並吸引你想要的一切，你應該進行的第一步就是釐清自己想要什麼，然後努力去追求。

我們為什麼會逃避設定目標

自由工作者或小型企業主的其中一項日常工作，就是努力設定並達成各種目標，像是產品的品質、生產效率或滿足客戶需求。然而他們卻經常忘了設定具體的收入目標。假如你還未設定明確的目標，請現在就這麼做，唯有如此，你才能擺脫舊有的價值觀和模式，開啟嶄新的

財富現實。設定收入目標是最有力量的行動。那麼，為什麼大多數人不這麼做呢？

當你設定的目標超出你的認知範圍與自信程度（財務目標往往正是如此），內在就會產生某種阻力，它經常會以不舒服的情緒出現，像是恐懼或焦慮。它有時也會觸發一連串揮之不去的念頭，比如「這根本不可能」、「萬一失敗怎麼辦」或「會不會太辛苦，搞不好再也沒時間陪家人」。設定收入目標並定期檢視進度，可能會讓你感到極度不適，因為這會暴露你對自身能力和價值的懷疑，也會讓你對夢想能否實現缺乏信心。

我在前面說過，你目前的收入會反映出你認為自己應該賺多少錢才能感到安全。即使你可能相信現在的財務狀況並不適合自己，但它並不會像設定遠大目標那樣，觸發各種令人不舒服的情緒。當你設定遠高於當前收入的目標時，就會開始意識到讓收入始終無法提高的限制性信念與根深柢固的觀念。理解這一點非常重要。在前幾章裡，我已經談過限制性信念如何讓你看輕自己，並破壞你對擁有更多錢的渴望。想要找出限制性信念並不容易，不過當你設定更高的收入目標時，它們就會被突顯出來，變得鮮明清晰。

當你透過敲打法清除所有的阻力，你所設定的遠大目標就會從讓你感到充滿壓力，轉變成充滿動力與可能性。更重要的是，這個目標會開始激勵你，而不是讓你卻步不前。當你不再陷入不知道該怎麼達成目標的恐懼之中（多半來自你過去聽到並相信的觀念），你就會慢慢將

注意力轉向可能性，你的自我對話也會跟著改變。你會開始提出能激發願景的建設性問題，像是：「我的世界將會是什麼模樣？」、「我要如何做才能賺那麼多錢？」、「我的事業會是什麼樣子？」、「我需要多少客戶或顧客呢？」

我非常了解這個過程會帶來什麼感受，因為我在建立現在這份事業時，也經歷過同樣的過程。我在從業一年之後，第一次舉辦了一個小型的工作坊，教人們如何設定「難以置信」的目標。我當時把自己的目標設定為年收入三十五萬美元，並希望最終能達到五十萬美元。為了消除內心的憂懼、恐慌和懷疑，我進行了許多次敲打法。每一次當我感受到未來的可能性並因此感到興奮時，腦海中就會浮現許多之前從未想過的問題，像是：「我未來要做些什麼，才能賺到那麼多錢？」、「我的工作坊必須要有多大的規模？」、「我要如何吸引那麼多人來參加？」、「我還需要做到哪些事才能達成目標？」

我閉上眼睛，腦中出現作家兼勵志演說家傑克・坎菲爾站在講臺上，臺下有數千人聽他演講的畫面。就在那一刻，我突然茅塞頓開。如果想要創造那樣的目標收入，我就必須站上「傑克・坎菲爾」等級的講臺。我的整個焦點從「我知道的，或我以為自己知道的」突然轉向了「我不知道的」。我意識到如果自己採取的是年收入十萬美元的行動，根本不可能達成年收入三十五萬美元的目標。雖然我對該怎麼做感到有點茫然，但也因此開始閱讀相關書籍，觀看特定影片，並研究個人成長領域的演說家。

後來我得知業界一位頂尖人士即將舉辦一場工作坊，三天的課程要價一千兩百美元，遠超出我願意自掏腰包參加培訓的預算。那次的活動地點離我家只有一小時的車程，每次收到這個活動的電子郵件時，我都深受吸引。經過好幾個星期的天人交戰，我最後還是報名了這個所費不貲的工作坊。我說服自己參加這個工作坊會很有用，而且能觀摩如何設計一場三天的研討會。這兩件事的確都實現了，但都比不上我在那場活動中建立的人際連結，這些奇蹟般的相遇，後來也多次改變了我的人生軌道。

　　順應直覺去行動，引領我穩健跨出實現財務目標的第一步。當你拋開邏輯分析的思考方式，打破過往經驗對可能性的信念，轉而擁抱好奇、想像和探索的心態，奇蹟就可能發生。在這種心態之下，創意和靈感會源源不絕地湧現。當你從「一定不可能達成」轉換成「一定有方法能辦到」的心態，就會啟動個人最大的潛能，激發出能開創更高收入的點子。

從「不可能」轉變為「可能」

　　從抗拒考慮遠超過目前薪資水準的收入目標，到相信自己可以達成目標，這種轉變是可能的，因為你的大腦有兩個部分：第一個是邏輯分析的部分，它聚焦於執行步驟明確、實際可行的計畫；第二個則是非線性的、充滿想像與願景的部分，它會汲取來自潛意識的創造力。當第二

個部分占上風時，你就有可能產生跳躍式的轉變。只要你對成功的可能性敞開心扉，並以好奇心去探索達成目標的方法，而不是被該怎麼做困住，你也會開啟大腦的創造力。這就好比打開一座寶庫！之後當你每一天、每一次檢視目標時，都會想著：「沒錯，這就是我想要的！」你的創造力會把目標視為有趣的、待解決的問題，並且迫不及待地想要去達成。

> 當你開始相信一切都可能發生時，
> 一切就有可能發生。

你的創造力會開始醞釀並激發出點子與對未來的想像。你會感受到一股動力，類似一種直覺或突然的靈光乍現。有時候這些突如其來的念頭似乎不合邏輯也不切實際，但你會被吸引，這些念頭也會一次又一次地浮現，直到你接受它。當你對一個目標感到興奮，又願意敞開心扉接納它時，你就會湧現更多的動力、勇氣與渴望來採取行動。只要你設定了明確的目標，並以開放的態度專注地投入，就能夠吸引實現目標所需的資源與機會，你的專注力、熱情與努力也會自然提升到所需的程度。在這樣的狀況中，目標就成了激勵的催化劑。

首先請回答這個問題：「我想追求什麼樣的收入目標？」大多數人設定的目標通常只會比目前的收入稍微高一點點，仍然在自己認為可能的範圍內，並不會去思考如果敞開心扉接納所有可能性，或許會有更大

的願景。設立目標是一個很好的起點，當你發現設立目標的企圖心有多大，就能夠激發出多大的潛能時，請仔細地思考要設定什麼樣的目標。你想要把自己的創造力、熱情和行動力投入在一個只比現在好一點點的目標？還是一個無所畏懼、遠遠超出現況十倍以上，一旦達成將會徹底改變人生的目標？

　　貝瑟妮來找我時，我對她身為室內設計師的驚人天賦印象深刻。但是她經營管理的方式卻比較像是一種興趣。貝瑟妮曾經想要設立目標，卻因為過去經驗的影響，導致她的目標總是被她認為自己應該只能賺到多少錢的信念所侷限。因此，我帶著她一起設定目標，從她實際需要多少錢支付帳單，以及存款和退休計畫，再到享受生活的花費。這個目標對貝瑟妮來說只是往前邁進的一小步，屬於短期的溫和目標。貝瑟妮認為如果每個月都能付清所有帳單和生活開銷，還有額外的五百美元可以花在享樂上，就已經是一個夢寐以求的巨大改善。

　　接著，我們把這個基本的收入數字換算成營業額，當我們將這個數字寫在紙上後，貝瑟妮的臉色明顯一沉，整個人顯得非常不安。她連珠炮似地說道：「我完全看不出這有實現的可能性，也不知道該如何達成。我需要提高收費嗎？我不知道自己能不能這麼做。這個數字真的太大了，我不想要承受那麼大的壓力！」經過了幾回的敲打法後，貝瑟妮的情緒平靜了下來，心態也轉變了，她開始對賺到那筆營業額的可能性抱持樂見其成的態度。

　　我們一起規劃出她每個月需要增加多少新客戶，然後計算出貝瑟妮

需要參與多少次相關的社交活動，才可能帶來這些新客戶。貝瑟妮看完整個計畫後，眼淚奪眶而出，她激動地說：「我做得到，我真的可以做到！」貝瑟妮帶著全新的動力與熱情離開，開始專注於如何找到這些新客戶。她在接下來的社交聚會中分享了自己的願景。突然之間，許多同行開始主動介紹客戶並提供有助達成目標的建議。就在短短的六個月內，貝瑟妮真的達成了當初在計畫中想要新增的客戶數量。

開始動起來吧！

我建議大家同時設定一個短期目標和一個遙不可及的遠大目標。以下是可能發生的情況，好讓你先做好心理準備。當你設定一個只比目前收入略高一點的目標，或是跨出一步的目標，你會得到一些點子、靈感或助力，它們看起來實際可行，與目標方向一致，甚至可以稱為「顯而易見的行動」。但是當你設定一個遙不可及、遠超出目前收入的目標時，出現在腦海中的點子、靈感與助力，通常會顯得奇怪或違反直覺，就像我當年被那場工作坊吸引一樣。我們往往很難立即看出它們究竟和遠大目標有什麼關聯。

想要跟隨這些靈光乍現的想法，需要堅定的信念。想要達成超乎想像的目標，需要在思考、行動，甚至自我認同上，進行大幅度的翻轉。想要意識到這件事，則需要秉持堅定的信念，幫助你保持正軌，持續往前邁進。

當你懷著熱切的心情設立遠大的目標時，通常會出現一些奇妙的事情。有些人把這歸功於吸引力法則，有些人認為那是一連串的奇蹟。我則稱之為「意想不到的共時性」。當你設定了一個目標，並迫不及待地想要實現時，似乎現實中就會常常出現對你有利的情況。意料之外的機緣突然在完美的時機點冒出來，就像命中注定般支持你朝目標前進。讓你忍不住驚呼：「真的太巧了」、「真不敢相信這件事真的發生了」、「出現這種事的機率也太低了！」一切就是很不可思議！

　　若從吸引力法則的角度來看，當你擁有一個明確的目標，並懷抱著興奮與期待時，你就會變成一個強力磁鐵，能夠吸引實現目標所需的一切。雖然這背後有許多理論，但重點是它真的會發生！如果你曾經非常熱切地渴望某個事物，那你大概經歷過這種現象，彷彿整個世界都跟你站在同一陣線，在最天時地利的時刻幫助你、支持你，所有的事情都呼應了你的需求。有人會說：「就像上天都安排好了。」但這並非偶然的機遇，而是當你清理了負面情緒之後，你的信念、熱情、期待與配得感達成一致時所帶來的結果。正如負面情緒會阻礙你的願望，若能以正面情緒取而代之，就能點燃願望的火苗。

　　利用你的聲音也是過程中的一環。當你熱衷於某一個目標時，就會開始主動談論它。你可能不會直接提到自己想賺多少錢，但會和別人分享推動事業成長的看法，或是拓展事業以幫助更多人的想法。當你談論收入或事業上的成長時，人們會從你的聲音感受到從中散發出來的正能量，你傳遞出來的那份感受，正是能讓目標實現的關鍵。這就是

熱情的獨特能量。當你熱切地談論自己的目標、願景和貢獻時，大家自然會想要支持你、接近你。熱情具有強大的感染力，人們也會被激發出這份熱情的願景所吸引。

設立遠大目標的優點

這個社會有太多迂腐的觀念阻礙我們做特立獨行的選擇，然而我們的天性還是會對「如果……會怎樣？」這個疑問的可能性、期待感和好奇心所吸引。當你熱切地向朋友、同事、顧客、員工和潛在客戶分享你的願景時，就會吸引到願意支持、追隨甚至投資你的人。這時候，機會、資源與點子就會透過他們和他們的人脈開始流向你。當你分享了對於目標的遠大夢想和企圖之後，你會驚訝地發現人們其實很願意支持你。有時候這一切進展得非常快，讓你不禁質疑自己為什麼沒有早點開始行動。

當你設定了目標，並從抗拒轉變成熱切期待，而且樂於分享，所有湧向你的大好機會都會變得實際可行。就拿約翰的例子來說，他來找我時才剛接手一家小型企業，成為公司的新老闆。約翰很快就發現公司員工之間的關係被之前的老闆搞得很糟，他希望與員工建立一個新的開始，也真的很快地扭轉了情勢。員工們開始喜歡他，也因為得到他的重視而變得比較快樂。但是，後來約翰發現他的團隊缺乏動力和熱情，大家都只做最基本的工作內容，而且經常為了誰該負責做什麼事產

生糾紛，導致產品無法如期出貨。

約翰每天工作長達十四個小時，還必須在一些小事上親力親為。我一開始鼓勵約翰設定目標時，他顯得很抗拒，擔憂和限制性信念讓他感到緊張不安。其中一個最大的阻礙，是約翰認為所有重要的事情都必須親自動手，這也解釋了為什麼他的工作時間這麼長，因為過去的經驗讓他不敢輕易把重要的任務交給員工去辦。在我們使用敲打法釋放過往經驗帶來的負面情緒之後，約翰變得比較願意為事業設定出第二年與第五年的明確目標。我們一起努力確保這些目標能讓他保持熱情與投入，願意為了實現目標去進行任何需要做的事，而不是讓他產生恐懼並裹足不前。

儘管約翰會和同事與投資人談論較為宏觀的長期目標，他卻沒有向員工透露自己的願景，畢竟這關係到公司整體營收以及他的個人收入，他認為這是機密。然而，由於員工對公司願景一無所知，根本無法為了共同使命或目標站在同一陣線。在缺乏完整藍圖的情況下，員工感受不到意義，也看不見自己的重要性，進而認為工作只是為了一份薪水。

我幫助約翰一起將他的收入目標擴展到更全面的整體規模來思考。我們一起想像公司達到預期的銷售與獲利後，會為員工帶來哪些可能的改變。如果約翰達成目標，公司員工就能有許多福利，包括工作保障、加班津貼、晉升機會和分潤獎金等等。為了達到約翰設定的積極銷售目標，公司本身也勢必要發展成一個代表品質、創新與精湛工藝的品牌。我問約翰：「那對員工來說代表著什麼？」約翰終於明白，唯有和

所有員工分享自己的願景，他們的一切努力才會變得有意義，也能激勵員工想讓公司成功。

「但是我無法保證這一切都會實現，我甚至不知道該如何達成。」這是約翰對於與員工分享願景的最後一個顧慮。當我建議他連這一點也一起和大家分享時，約翰簡直不敢相信。願景的分享不是一個承諾，而是一種必須基於真誠、人性與正直的態度來傳達的目標。你可以把它視為一個對未來產生激勵的想像。那些令人覺得不敢置信的目標，最能夠激勵、啟發並凝聚團隊的力量，為了共同的使命而努力。當你不知道該如何進行時，反而能鼓勵所有人聚焦在這件事情上，讓每個人都能提出創新的想法。這正是約翰後來所經歷到的。分享他對公司未來的目標與願景以及他對員工的期待，成為約翰人生中最強大、最具意義的一刻。

約翰發表了一場改變人生的談話，他以開放、坦誠的方式，公開了自己對公司未來的計畫，並解釋了這些計畫將對每一位員工所帶來的影響。員工們出乎意料地即時有了反饋，他們深深地被約翰的一席話吸引，想要知道如何貢獻一己之力幫助公司達成目標。他們開始主動對各個環節提出建議與想法。就在那一天，一切都改變了。員工的動力、團隊合作精神與自主性都出現了明顯的提升。約翰隨後提拔了幾位員工強化公司的整體營運，並大幅減少了自己的工作時數。這讓他有更多時間陪伴家人，也讓他的員工完全參與企業的成長，真正成為一個為共同目標而努力的團隊。

即使一開始感到不自在，但設定收入目標確實有許多好處。假如只要想到那些遠大、遙不可及、令人望之卻步的目標，就會觸發難以承受的可怕情緒，那麼你可能連想都不敢想，更別提嘗試去做或開口談及。這樣一來，自然也就無法吸引到支持者。但當你清理負面的限制性信念，然後帶著願景和熱情大聲說出你的目標，奇蹟就會發生！這些奇蹟不只來自於你的內心，也會透過其他人和意想不到的狀況與巧合出現，它們會完美地串聯在一起，讓你很快實現目標。

你必須做的第一步，就是使用敲打法來清理所有的負面事物，如此一來，你才能完全改變自己面對目標時的能量狀態。敲打法能夠改變你對目標的看法，從感到壓力與不自在，轉變為超級興奮和充滿可能性。當這一刻來臨時，請準備好迎接奇蹟吧！

清理設定遠大目標的阻力

當你設定一個遠大的財務目標時，最先浮現的念頭通常是「這根本不可能」。所以，第一步請先寫下你理想中最想擁有的金額，把它作為目標，然後大聲說：「我做不到，這根本不可能！」同時，請專注於那個數字帶給你的感受，然後以 1～10 評估這句話的真實度。接著，請針對你認為這個目標是否能夠實現的信念進行敲打練習。

敲打練習：釋放遠大目標所引發的情緒（1）

請依序輕敲各個穴位，同時說出以下的句子：

　　這不可能 *** 絕對不可能！ *** 根本做不到！ *** 這太瘋狂、也太誇張了！ *** 我永遠也賺不了那麼多錢 *** 誰會願意付我那麼多錢？

　　這不可能 *** 我知道這不可能 *** 我認為這根本不可能 *** 這實在太浮誇了 *** 就算是吸引力法則也搞不定 *** 沒有人賺過這麼多錢 *** 好吧，我承認是有一些人賺過啦！

　　但不是我！ *** 即使一百萬年也不可能！ *** 這根本不可能！ *** 我能精準預測未來 *** 我知道會發生什麼事 *** 所以我可以告訴你，這件事絕對不可能發生 *** 這種事根本不可能成真！

　　請先做一個深呼吸，接著再次檢視「我做不到，這根本不可能！」這句話帶給你的感受，並且以 1～10 評估真實度。請寫下任何浮現的念頭或回憶，並融入至輕敲時一邊敘說的語句當中。請重複進行這個練習，把你所有的抗拒心態都說出來，直到「這根本不可能！」這句話變得不再是你的真實感受，你的目標也變得似乎可行。在理想的狀態下，這句話的真實度應該降至 0～3 之間。當你的情緒趨於和緩之後，就可以進行下一回的敲打練習。

> **敲打練習：釋放遠大目標所引發的情緒（2）**
>
> **請依序輕敲各個穴位，同時說出以下的句子：**
>
> 　　我還是無法完全相信這是可能的 *** 我的意思是，這似乎太瘋狂了 *** 但我選擇保持開放的態度 *** 這個宇宙擁有無限的可能 *** 超越了我眼前所及 *** 我有一絲信念 *** 相信實現目標所需的一切 *** 都會在適當的時機，以適切的方式 *** 出乎意料地出現。
>
> 　　資源的出現真的很奇妙 *** 每天都會有不可能的事情發生 *** 如果我能敞開心扉去接納這個可能性會怎樣？ *** 用正面的意念專注於它 *** 讓它來到我的人生 *** 即使這聽起來有點瘋狂？ *** 或許我選擇瘋狂一次！ *** 我選擇瘋狂一次！

　　請做一次深呼吸。現在你對設定一個遙不可及、遠大的目標有什麼感受？觀察看看，你對未來可能實現的一切有多麼期待！

多少錢才「足夠」？

　　在決定你想要多少收入時，仔細認真地思考非常重要。有些人會隨口說出一個很大的數字，像是一百萬美元。但是假設這個數字遠遠超出你目前的現實狀況或能力範圍，就不會有任何作用，因為連你自己都

不會相信，更遑論有任何的抗拒心理，反而只會出現「如果我能中樂透就好了」的幻想，也根本不會有所期待。但如果你設定的數字只是剛好能打平收支，或只是高了一點點，你就會陷入「只要夠用就好」的心態。所以，你必須謹慎地決定你的收入目標。

你也應該留意不要讓自己陷入「要求超過自身所需的收入是自私的表現」的迷思當中。這樣的心態會讓你不敢追求更高的收入，而且吸引力法也會跟隨你的信念，只想要「夠用就好」。讓我舉個例子，當吉娜來參加工作坊時，我問她覺得自己的金錢阻礙是什麼，她堅持自己沒有任何阻礙。吉娜說自己在一個充滿關愛的家庭中長大，父母的收入可觀，但也提到她的母親相當節儉。吉娜的母親原本家境良好，但自從她的父親事業失敗，不僅家境變得大不如前，也讓她在成長過程中一直相信存再多的錢都不夠。

吉娜自豪地說，自己和節儉的母親完全相反，她非常注重精神生活，雖然身為自由攝影師收入並不穩定，但從來都不必擔心錢的事，一直都有足夠的錢可以過日子。我直接點出那是因為她覺得錢只要夠用就好，所以整個宇宙收到的訊息就是她不需要更多錢。當我建議她設定一個更高的目標時，吉娜卻開始激動起來，覺得這樣太貪心了。後來，她終於發現自己最大的阻礙，就是只把重點放在足夠支付帳單並且有些許娛樂開銷就好。當吉娜透過敲打法清理迷思之後，她把收入目標提高，實際收入也跟著增加。

設定遠大的收入目標，會讓你的抗拒心態變得清晰可見。沒有什

麼比設下一個遠大收入目標更能激勵你的行動，挑戰你的信念，使你感到不安。現在，別再安於小小的滿足，勇敢提高你的收入目標吧！為了大幅提高收入，你需要設定一個遠超過目前收入的目標。試著設定一個就算你更努力工作，延長工時，做出微幅改善，仍然無法達成的數字，這樣才能真正激勵你突破現狀。

你是否在想：「這麼專注於賺錢真的沒問題嗎？」設定一個遠大收入目標的過程，可能讓人覺得很拜金、太重物質、自私，甚至是不對的。請留意哪一種感受讓你感到特別不自在，然後盡快進行處理。如果你設定更高的收入目標，是為了購買現在負擔不起的東西，或是想獲得一些無形的好處，像是自由、安穩、快樂，以及輕鬆過日子，這樣可能會讓你覺得有點自私。然而如果你的高收入目標比較「利他」（像是支援慈善事業），或許就會比較心安理得，因為這與你的內心、使命感，甚至宗教信仰更加契合。若是如此，可以讓這種利他的想法與收入目標相結合。但是，請不要用「不是這樣、就是那樣」的二分法來思考，例如「不是花錢讓自己快樂，就是捐給慈善機構」。你和其他人一樣重要，你增加的收入可以用來買自己喜歡的東西，也能夠用來幫助別人！

　　金錢能讓你盡情揮灑自己的創造力、生產力與慷慨心。

想想看，如果你的收入是現在的兩倍，你能為這個世界帶來多少更

美好的善意呢？你是否會更有能力照顧自己，同時也能捐獻更多？如果是三倍的收入呢？你是否會想要擁有更多自由，讓自己有更多時間投入關心的事？若是這樣，如果你認為擁有大筆金錢是自私、物質主義甚至罪惡的，你又要如何為自己關心的事情做出貢獻呢？如果許多人都能夠因你的才能而受益，但你卻小看自己，這樣難道不是更自私的表現嗎？沒有了錢，你就無法完全發揮自己的創造力、生產力，並且感到喜悅；沒有了錢，你就沒辦法盡全力展現你的仁慈、善意或是人生使命。你值得擁有足夠的資源來成就這一切！

第十章

設定遠大的目標

「我為什麼不能更有錢？」讀到這裡，你應該已經理解是什麼在阻礙你改善財務狀況了。現在，來設定一個遠大的目標吧！這些目標會讓你陷入自我懷疑，不確定自己是否有能力達成所想，甚至動搖你對「夢想能成真」這類理想的信心。然而，正是這些逼得你不得不檢視自己內心的目標，會促使你找出潛意識中所有阻礙你賺更多錢的原因。設定能夠觸發這些反應的目標，將幫助你突破內心的抗拒，不再甘於只能領取低於期待的收入。我們將在這一章進行許多的敲打練習，因為想要賺更多錢，就必須先跨越讓你無法設定遠大目標的阻礙。

設定遠大的收入目標

我想帶你透過一個更嚴謹的方式，幫助你釐清想要賺更多錢的原因，並確保你設定的目標不只是為了能還清債務或達到收支平衡。設立一個具備償債能力的目標固然重要，但這只是基礎而已，你需要設立的是一個能讓你存款、投資並享受生活的金額。你設定的收入目標應

該包括能夠滿足理想生活的一切花費，讓你能選擇想要的生活，而不是將就過日子。

　　首先，列出每個月的所有開銷，包括目前的固定支出（例如：房貸或房租、保險、車貸、水電瓦斯費等等），同時也要列出規劃中的支出（例如：大學的學費、退休金或償還債務的錢），別忘了再加上存款的金額。這份開銷清單應包含能讓你和家庭的財務健全，並考慮到未來的所有相關項目。接下來這個部分可能會引發一些不安的情緒：請再加上每個月能讓你的生活變得更有樂趣的支出，對自己大方一點！以上所有的這些加在一起，就是你的收入目標。

　　現在，花點時間認真看著這個目標數字，並提醒自己是怎麼得出這個結果的。將這個數字用大而醒目的字體寫在一張紙上。當你專注在這個數字上時，請留意自己開始感到多不舒服、多抗拒。觀察身體出現的任何情緒和感受，例如胃是否開始翻攪。想像如果將這個新的收入目標告訴朋友和家人，你會有什麼感覺？你所感受到的任何抗拒心理都會反映出你的恐懼、限制性信念，以及心口不一的衝突。那是你的潛意識在說：「這太不切實際，根本做不到！」

　　現在，請深吸一口氣，把目標數字加倍。你是否已在心裡大喊「這根本不可能」？看著加倍的數字，觀察自己的情緒變化。你是否想著「這太荒謬」或「這簡直需要奇蹟」？如果這些念頭與感受變得強烈，就代表找到了屬於你的遠大目標。想要達成目標，你必須喚醒內心深處的非凡才智。你需要靈感與創意，也需要提升行動力、領導力、自

信心與執行力。你還必須找到對的人，善用各種資源、情報、點子、環境與機會，讓它們在最佳時機匯聚成支持你的力量。想像這個景象！你還會說「不可能」嗎？

既然這樣的目標看起來過於遙不可及，中間設定短期目標就非常重要。同時也要經常提醒自己，這個目標值得你負重前行，因為這也是關於「你」的旅程，你的人生、熱情和使命都在召喚你，期待你不斷地成長、茁壯、超越自我，成為果敢、有智慧、令人刮目相看的人，創造夢想中的財富和成功。這種感覺不是很棒嗎？這就是我希望你將目標加倍的原因。想要擁有更多財富，你必須放大格局，因為**令人難以置信的成功，始於遙不可及的目標！**

接著，讓我們開始進行敲打練習，處理你對這個數字的感受與情緒。由於這個數字遠超出以往的收入水準，你或許很難相信自己有辦法賺到那麼多錢，因此這個抗拒心理與其他類型的阻礙有些不同。看著你的目標，觀察自己對這句話有什麼感受：「這遠超出我以往的收入。」在進行敲打練習之前，請先以 1～10 評估你的不自在程度，以及你對無法達成目標的感受有多強烈。

敲打練習：釋放遠大目標所引發的情緒

請輕敲手刀部位，同時大聲說出以下的句子：

雖然我不確定前方會是什麼模樣，也不知道達成目標需要付出多大的努力，但我選擇相信自己，並跟隨內心的願望。我的願望是每天都帶著熱情與喜悅，一步步邁向我的人生使命。我的願望是成為比以往任何時刻都更真實的自己，身邊圍繞著帶給我喜悅的人事物。或許，這就是它的樣子。當我拋開那些阻礙我的信念與觀念時，就能與我內心的熱情和喜悅同在。

請依序輕敲各個穴位，同時說出以下的句子：

這太誇張了 *** 不可能發生 *** 我怎麼可能賺得了那麼多錢？ *** 我不知道那會是什麼模樣 *** 這遠遠超出我以往的收入！ *** 可能會非常困難 *** 這個數字真的太大了 *** 幾乎是一個無法達成的數字。

我無法想像 *** 我該做些什麼才能創造那麼高的價值？ *** 我為什麼需要那麼多錢？ *** 這真的太多了 *** 似乎會非常困難 *** 可能需要付出非常大的心力 *** 這真的太過了，也太難達成了。

請先做一次深呼吸，再次評估你目前的不自在程度。不要急著進行下一步，除非這個程度已經降到 3 或以下。把你此刻浮現的念頭、感受或記憶寫下來。你也可能會出現某些身體反應。你可以用自己的話，針對這些內容分別進行敲打練習來處理它們。

正面的敲打練習：邁向遠大目標

請依序輕敲各個穴位，同時說出以下的句子：

　　我對這件事還不是很確定 *** 我仍然認為可能會非常困難 *** 但是我選擇相信 *** 我相信自己正在跟隨內心的願望 *** 我的願望是 *** 每天都邁向我的人生使命 *** 沒錯，我要充滿熱情地邁向人生的使命 *** 還要充滿喜悅 *** 我想要超越自己 *** 超越過去的我 *** 我想要身邊圍繞著 *** 為我帶來快樂的人事物。

　　我要拋開任何阻礙我的信念 *** 放下那些阻礙我的觀念 *** 就能夠與我的熱情和喜悅同在 *** 我要與我的喜悅同在 *** 我選擇忠於我的願望 *** 我選擇讓我的潛意識 *** 將我的目標 *** 與身邊圍繞著帶來快樂的人事物的那個我建立連結 *** 我願意打開心扉 *** 讓更多的人事物進入我的生活 *** 為我帶來快樂 *** 我選擇相信 *** 我相信自己正在積極跟隨內心的渴望。

　　請做一次深呼吸，並視需求多重複幾次敲打練習，直到你感覺更加專注，能夠平靜地面對你的目標。

培養你的企業家精神

如果你是自由工作者或小型企業主，你要做的第一件事，就是設定個人的收入目標。先決定你的事業需要為你的生活帶來多少錢，才能讓你感到滿足並擁有財務自由。以這個金額作為設定事業目標的依據，而不是反過來。許多人會依據自己事業至今的成果或未來能創造的收益來設定個人的收入目標，但這樣的想法只會限制你和自己的事業。

你為個人的收入、時間、自由所設定的三年、五年與十年目標，應該成為你事業在三年、五年和十年的營收目標，這樣你所做的一切才可以與目標保持一致，讓你的才能與吸引力法則支持你實現目標。許多企業主因為個人的限制性信念與抗拒心理，從未踏出這個關鍵的一步。當你沒有同時為個人和事業設定目標時，你的所有行動、想法和策略都會自動套用過去的模式，讓你停滯不前。這意味著三年、五年甚至十年後，你的收入、工時以及缺乏自由的狀態，仍然會和今天一樣。

我曾經帶領許多過著這種生活的企業主，他們身心俱疲，甚至精神上也消耗殆盡。原本是為了自由而追尋的人生夢想，最後卻變成全年無休的重擔。所以，除非你希望過這樣的生活，否則趕緊寫下你的目標！勇敢追求遠大的夢想，然後寫下來，並相信敲打法能夠幫助你實現每一個目標。別忘了，你現在擁有一個祕密武器！一個勇於面對挑戰的遠大目標，能啟發企業家的遠見卓識，推動你取得長足進展。請培養你內心的企業家精神，否則你將會回到「我不知道該怎麼實現目標」

的狀況，不再存有遠大夢想。

我們習慣理性分析的大腦，對那種超出常規、無法靠循序漸進努力達成的目標，往往會感到不安。它總是想要掌握所有步驟，卻不知道該如何達成超乎常理的目標。這很正常，因為大腦會依循過去的經驗，然而若你總是做相同的事，就只能得到相同的結果。正因為不知道該如何達成，所以你才需要遠大的目標。當你明白無法光靠更努力工作來達成目標時，你就會想辦法成長、突破、改變，並走出舒適圈，讓自己在「遙不可及的領域」獲得驚人的回報！我建議你從十年目標開始，去想像、去夢想、去探索。如果你擁有一份事業，請思考以下幾點：

- 公司如何在十年內賺到那麼多錢？
- 公司未來是什麼模樣？如何經營？
- 公司裡會有多少員工？
- 客戶為什麼喜歡購買公司的產品？

如果你有一份薪水或是靠其他方式賺取收入，請思考：

- 我會擔任什麼職位？
- 我會在哪一間公司工作？
- 我會轉換跑道，從事能發揮技能與天賦的工作嗎？
- 我能領如此高的薪水，是因為我具備哪些價值？

再來，根據你的十年目標去設定五年目標，並問自己：「為了在十年後達到目標的規模，我的公司在五年內必須成長為什麼樣子？」接著，再以五年目標為基準去設定三年目標。如此一來，你從明天開始所做的每一件事，都會自然而然地與三年、五年和十年的目標相互呼應。此刻，你就能朝著令你嚮往的方向盡情施展才華。

請積極培養你的企業家精神。每週安排時間刻意讓自己以企業家的心態想像未來的藍圖，無論是一小時還是僅僅十分鐘都可以，百分之九十的小型企業主和一人創業家在半年內進行的前瞻性思考都沒有這麼多。如果你真的決心成為成功的企業家，有兩項最好的投資：閱讀麥克・葛伯（Michael Gerber）的《創業這條路》（*The E-Myth*），以及聘請一位熟悉你專業領域的企業教練。

練習設定收入目標

接下來的練習將幫助你思考想要的目標並找出你對它的抗拒。你需要設定真正能維持財務健全的收入目標。請列出所有的開支，包含實際開銷和娛樂支出。請設定一個遠大的目標。它應該讓你覺得「或許可以達成」，但同時也要迫使你挑戰極限，因為唯有全力以赴，才有真正實現的可能。

=== **練習：設定目標（1）決定你的目標** ===

請寫下：「我希望我的收入在＿＿＿＿＿＿年之後達到＿＿＿＿＿＿元。」大膽地立下目標！大聲說出來，並留意說出這個目標時，你有多麼不自在。這就是你最直接的抗拒反應。請以 1 ～ 10 評估你的不自在程度，然後在收入目標旁邊寫下：「我對這個目標的抗拒程度是＿＿＿＿＿＿。」

請思考你的目標，以及它帶給你的感受，給自己時間去消化，再繼續進行下一個練習。

=== **練習：設定目標（2）說出你的質疑** ===

寫下至少三個理由，說明為什麼這個目標很瘋狂、不切實際，為什麼它不可能發生。請盡可能用最負面的角度，寫下你難以相信目標能實現的原因。例如：

- 這個領域競爭非常激烈，而客戶卻越來越少。
- 我的工作時間已經很長，不知道還能做些什麼。
- 現在的經濟狀況很糟糕，想要賺錢未免太天真了。
- 如果為了賺錢而提高價格，我會失去現有的客戶。
- 公司的薪資凍漲，我的收入也因此跟著停滯了。

不管有多少個理由，全部寫下來。你可以花幾天的時間來進行這部分，讓自己有更多時間思考。

如果想不出太多理由，不妨再深入思考一下。誠實地面對自己。只要多加留意，你會驚訝地發現自己的潛意識裡隱藏了許多念頭。這是屬於你自己的理由，所以沒有哪一個會令人尷尬或顯得太愚蠢。當你盡可能找出許多理由後，繼續進行下一個練習。

練習：設定目標（3）列出你的阻礙

請找出兩個阻礙你實現收入目標的最主要因素，其中一個應該是某個外部的實際阻礙或是某個人，另一個應該來自你自己，比如某種行為或特質。請選擇讓你感到憤怒、厭惡或挫折的因素。

外部阻礙：想想看，有什麼事情或哪個人（或許多人）是你無法忍受的，會導致你失敗或犯錯，破壞你的努力。究竟是什麼妨礙著你，只要一想到就會讓你失去動力？例如：

- 除非適當的時機出現，否則我什麼事也做不了。
- ＿＿＿＿＿＿總是批評我，澆熄我想要成功的熱情。
- 我全部的時間都浪費在文書工作上了。

寫下你的外部阻礙：「我的外部阻礙是＿＿＿＿＿＿＿＿。」

內部阻礙：想想看，你本身有哪些事情會讓自己惱怒或挫折？可能是你不想做或不願意做的事，或者你認為自己做得不好的事，或是會讓你感到尷尬的事。例如：

- 我從來就不擅長 ＿＿＿＿＿＿＿＿＿＿＿＿。
- 我嘗試去做 ＿＿＿＿＿＿＿＿＿＿＿，但老是搞砸，我為什麼還要嘗試呢？
- 當我付出很大努力時，緊張情緒總是占上風，結果反而留下不好的印象。

寫下你的內部阻礙：「我的內部阻礙是 ＿＿＿＿＿＿＿＿＿。」

接下來的敲打練習有助於處理你眼前的阻礙。請回想前面練習中最先浮現的阻礙，並把注意力聚焦在上面。當你想到「這些阻礙讓我無法實現收入目標」時，請以 1 ～ 10 來評估它們在你腦海中有多巨大，或者在情緒上對你造成多強烈的反應。

敲打練習：清除收入目標的阻礙

請依序輕敲各個穴位，同時說出以下的句子：

這些阻礙 ＊＊＊ 感覺無法被克服 ＊＊＊ 因為它們確實難以征服 ＊＊＊ 天啊，它們真的阻擋了我 ＊＊＊ 我覺得非常沮喪 ＊＊＊ 它們讓我感覺自

己被困住了 *** 它們阻礙了我的進展 *** 如果它們能消失就好了。

這一切都是因為這些阻礙 *** 事實上如果沒有這些阻礙，我會有更大的發展 *** 這些阻礙實在太大了！ *** 它們令人沮喪 *** 只要想到這些阻礙，我就覺得無能為力 *** 它們真的讓我卡住了 *** 這是注定失敗的局面 *** 我不知道該如何解決。

請先做一次深呼吸。並以 1～10 評估，當你想起那些阻礙時感受到的情緒有多麼強烈。重複這個敲打練習，直到這些阻礙的存在感和重要性降到 3 以下。你可能需要一次專注於一個阻礙。請處理你感受到的任何情緒。記得溫柔地對待自己。請把握這個機會，把你的阻礙以及隨之而來的感受列出來，一一進行更深入的清理。當情緒緩和之後，請接著進行正面的敲打練習。

請依序輕敲各個穴位，同時說出以下的句子：

我擁有這些阻礙 *** 我想每個人都有 *** 我目前還無法真正解決這些阻礙 *** 我需要對抗這些阻礙 *** 也需要好好檢視它們 *** 我選擇化解這些阻礙 *** 為了我自己的最大福祉 *** 也為了所有相關者的最大福祉。

我現在期待意想不到的道路突然為我打開 *** 我看見大門正為我敞開，帶來更好的成果 *** 事實上 *** 我正驚奇地看著 *** 這些衝突不知怎麼地，正輕鬆而安靜地逐漸消散 *** 似乎變得不再那麼重要 *** 我不會再讓這些陳舊的事物阻止我 *** 我正走在自己的道路上 *** 那些過往的衝突越來越微弱，越來越模糊，並逐漸消失。

請做一次深呼吸，留意此刻你對挑戰的感受，和你進行敲打練習之前相比有什麼不同。能夠在敲打過程中看見自己的進展，然後帶著更廣闊、更積極的視角繼續前進，是很重要（而且很有趣）的事。

展示你的目標金額

你現在已經有了一個遠大的收入目標，並對追求這個收入的想法感到不自在，讓我們放大這個感受。首先把這個數字用不同的方式寫在很多張便利貼上，像是年收入、月收入、每個月的淨收入，或是當月淨收入的差距等等。然後仔細想想擁有這樣的收入會為生活帶來哪些正面影響，例如：降低經濟壓力、能做更多喜愛的活動。想像這筆錢就在你的銀行帳戶裡。你能多快把債務還清？看到收入進帳你有什麼感覺？照這個收入，六個月後會有多少錢？你可以把錢花在什麼地方？

將便利貼黏在家裡的每一個地方，接著只要讓潛意識發揮作用就好，這個方式既不費力又有強大的效果。剛開始看到這些便利貼時，你可能會覺得很不自在，而這正是我們想要的反應。你的心裡會出現各種聲音，每個聽起來都很合理，但它們只是情緒性的反應，並且映照出你內心的抗拒。慢慢地，這些便利貼對你的影響會逐漸減弱，到最後你甚至不會注意到它們的存在，因為你的大腦已經接受它們成為現實的一部分了。在這個過程當中，潛意識會一步一步地運作，激發大腦的聰明才智、創造力和行動力一同去建立那個「現實」，甚至連睡夢中

也會持續運作。千萬不要放棄這個免費、不費力且強大的資源！

請密切注意任何抗拒的感受。當你貼上寫有目標金額的便利貼時，可能會覺得很不好意思，若是有人注意到這些便利貼，然後問「這是什麼？」時，你會覺得更加尷尬。他們會感到震驚，為你覺得尷尬，或者嘲諷、訕笑還是指責你？這是一個非常有趣的實驗。它能提供很多訊息，幫助你了解自己對擁有更多錢的抗拒心理，以及周遭其他人對你的影響。

這麼做會帶來很大的幫助，我自己也有很長一段時間，都在抗拒為自己的事業設定遠大的收入目標。當我最後終於設定好目標時，幾乎是逼自己把數字寫出來，還得強忍住衝動，不把金額降到更自在的數字。我很擔心常到家裡串門子的親友會怎麼想，所以只在鏡子上貼了一張便利貼。當十歲的女兒問我那張便利貼代表什麼意思時，我一時語塞，然後覺得自己的反應很好笑，因為女兒的年紀太小，根本無法理解收入的意義，也不會有任何批判或負面的聯想。於是我對她說「這是媽媽的收入目標」，她也接受了這個說法。

讓我驚訝的是，她竟然做了更多便利貼，還貼滿整間屋子，好讓我可以更常看到。這使我陷入了窘境，因為我不想傷害她的好意，也不希望在她心裡植入負面的金錢觀！於是，我的家中到處都貼有我悄悄設定的收入目標，每個人都可以看到、質疑和批評。我只要看到那些紙條，就會湧現各種情緒，尷尬、懷疑，甚至是挫敗感。那種不相信自己能達成目標的沮喪與失落時時吞噬著我。我認為別人會覺得我很自

私、貪婪、自大、高傲，還會覺得我自以為是哪根蔥，竟然敢說自己想要賺那麼多錢。

那些小小的便利貼觸發了許多我從未經歷過的感受。幸好，我當時已經是敲打法的實踐者，也知道這些都可以透過敲打法來處理。我在敲打法的幫助下，逐漸習慣了那些不自在的感覺，也開始能夠向別人解釋我正嘗試實現自己的目標，而那些便利貼主要是為了潛意識的運作所貼的。就這樣，尷尬的感覺消失了，之後每當我看到便利貼或向別人解釋時，我不再感到不自在和尷尬，反而從中獲得啟發與動力。

我的靈感開始迅速湧現，原有的想法和工作重心也完全改變了。我被那些明顯能夠幫助我實現目標的資源所吸引，絕佳的想法不斷地湧現，促使我付諸行動。我比以往更努力工作，不斷挑戰與超越自我。這並不是一場拉鋸戰，我充滿期待，對結果感到好奇與興奮。敲打法幫助我克服每一個挑戰，也清理了我所有的阻力與不堪重負的情緒。慢慢地，宇宙開始為我安排好一切，許多意想不到的事情為我帶來契機與肯定，正好與我的目標相符合。

我就像火力全開般前進，但也得學會如何在高速運轉中保持平衡，不讓那股興奮的緊繃感與腎上腺素拖垮自己。敲打法幫助我做到了。許多人和資源開始出現，慷慨又真誠地支持我所做的一切。這簡直就像奇蹟！於是，我逐漸發展出一套自己的方法，不僅有益於我的成長，也幫助了我的客戶。我的人生在一年內完全改變，而我相信這一切都始於那些便利貼和我的寶貝女兒。

開始取得主導權

　　一旦設下了遠大的目標，下一步就是面對當前的外部阻礙，像是那些會影響你實現目標的人或是債務。這些通常是你在生活中會意識到的問題，導致你把情緒和精力都放在當前的現實上。這樣其實不太好！你需要做的是跳脫眼前的現實，因為這是過去的念頭和行動帶來的結果。只有你做出改變，當前的現實才會改變。記住，你的未來由當下創造。除非你想繼續過以前的生活，否則就不要再耽溺於現況！

　　我承認，這件事說起來容易，做起來卻不簡單。然而，你必須跨越眼前那些讓你沮喪的現實，才能專注於開創未來。即使情況不會立刻改變，只要你降低當下現實的情緒強度與重要性，就能更自在、更冷靜地面對它，並把更多的精力與正面信念放在目標上。先著手處理你眼前的信念，讓自己能對那個「遠大得離譜」的目標感覺好一些。如果你完全不去掌握主導權，就會發現自己不斷退縮，把目標縮減成越來越小的數字。

　　總結來說，要設定並實現遠大的目標，關鍵在於改變你當下的處境與信念，例如：

- **你認為目標根本不可能實現**。你的大腦習慣分析，可能需要很長的時間才能想出實現目標的方法，或者你一想到目標就不知所措，於是在開始之前就放棄。

- 你認為某些人或某些事會阻礙你。每當想到這些人或事，你就會產生負面情緒，尤其是憤怒、挫敗或怨恨。
- 你自認有所缺陷的念頭或感受。當你專注在自己的不足或缺陷時，就會覺得自己不夠好，這種情緒會成為實現成功的阻礙。
- 你缺乏時間或精力思考能做什麼。即使只是想像為了達成目標需要做的努力，都可能讓你感到疲憊不堪。
- 你的負債。債務所引發的強烈負面情緒可能會嚴重影響你的進展，讓你對解決財務問題感到絕望。

透過敲打法處理當下產生的懷疑與抗拒是極為重要的一環，否則你就會被困住，無法跨出任何一步。所以，趕快去做吧！停止痴痴地盼望和夢想，正視那些阻礙你賺更多錢的信念。當你透過敲打法看見它們時，會驚訝地發現一切有多麼不合邏輯和毫無道理。一旦這麼做了，你就能夠全然自由地選擇屬於自己的真理和道路。

但是……我不知道該怎麼做

遠大的目標會帶來衝突，特別是當你不知道該怎麼做的時候。如果這個目標需要嶄新的點子、創意、靈感和機緣，那麼你的邏輯分析思維可能會成為阻礙。當你將這個目標寫下來時，往往無法立刻或甚至在接下來的幾天、幾週或幾個月內找出達成的方法，這會讓目標顯得更加

不可能達到。接下來的敲打練習非常重要，可以幫助你突破這些疑慮，讓過度分析的大腦得到緩解。首先，請對這兩句話進行處理：

- 「我不知道該如何達成。」
- 「我必須把一切都搞清楚。」

請依內心的感覺大聲說出這兩句話，然後以 1 ～ 10 評估它們讓你感到不自在的程度，並接著進行以下的敲打練習。

敲打練習：思考如何達成目標

請依序輕敲各個穴位，同時說出以下的句子：

我真的很想專注在這個目標上 *** 但是我不知道該怎麼讓它實現！ *** 我需要知道該怎麼做！ *** 我完全搞不清楚！ *** 我不知道這一切要怎麼達成 *** 我覺得自己現在就必須完全弄清楚 *** 如果我不弄清楚，就沒辦法寫出這個目標 *** 不知道怎麼讓那個數字成真 *** 這個數字太大了，我不知道該如何達成 *** 我都快想破頭了，還是不知道該如何達成。

我必須搞清楚 *** 也許我應該開始列出好幾百項「待辦清單」 *** 我現在就得搞清楚 *** 不然設定這麼大的目標 *** 根本沒道理 *** 只是挖坑給自己跳 *** 我設下連自己都不知道怎麼完成的目標

> *** 我真的不知道該怎麼達成這個目標！ *** 我必須把一切都搞清楚才行！

請做一次深呼吸，留意自己的反應強度是否已經慢慢減弱。請寫下那些仍然反覆出現的念頭、感受和記憶。記得溫柔地對待自己。在繼續之前，先確定當你重複說出「我不知道該如何達成，我必須把一切都搞清楚」時，真實感已經降到 3 以下。一旦達到這個狀態，就可以進行一回超級正面的敲打練習，讓你感受到振奮與力量。

> **請依序輕敲各個穴位，同時說出以下的句子：**
>
> 但是我不知道該如何達成！ *** 弄清楚該怎麼做不是我的責任 *** 是，就是我的責任！！ *** 才不是！！ *** 我相信宇宙 *** 相信宇宙自有安排，會來幫助我實現這個目標 *** 會用最快速、最順利、最和諧的方式 *** 我會吸引到方法。
>
> 方法自然會出現 *** 我會因為得到的一切而驚喜與讚嘆 *** 如果我的每一步行動都來自靈感 *** 而且我總能知道何時行動 *** 如何行動 *** 如果我每天需要做的只是保持信心呢？ *** 我所要做的就是專注在我的目標上 *** 並且相信宇宙會為我安排好一切 *** 那該有多美好啊！
>
> 這樣當然會很棒 *** 我要讓這個信念向宇宙傳遞訊息 *** 我已

> 經準備好接受宇宙的幫助了 *** 我已經準備好接受宇宙為我所做的安排！ *** 當宇宙為我安排好之後 *** 靈感會讓我知道該怎麼做 *** 我太愛那些聰明的想法了 *** 我真的很喜歡跟著靈感走 *** 我願意接受宇宙的安排 *** 全心感受它帶來的一切驚喜與愉悅。

請做一次深呼吸。重複幾次這一回的敲打練習，直到你對目標收入的感受開始轉為正面。大多數人在完成這一回練習之後，都會感到充滿動力。一旦你做的次數夠多，覺得自己已經做好設定目標的準備，請繼續閱讀，學習如何讓這個目標成真！

第十一章

目標創傷

如同我們將與財務相關的問題稱為「財務創傷」，你可能也有「目標創傷」。這個創傷會讓你的新目標蒙上一層陰影，也會影響你實現目標的意願。哪一類事件會被定義為目標創傷呢？我認為任何導致你出現以下這些情形的事件，都屬於目標創傷。

- 回想起來時，痛苦、焦慮、懊悔的程度會增加。
- 面對相似的情境時壓力增加，並傾向過度反應。
- 個人力量（例如信任、信心和信念）大幅流失。

辨識目標創傷

目標創傷通常發生在一個人對某件事物懷抱強烈渴望，傾盡全力去追求或實現，最終卻以失敗收場的時候。這種夢碎往往來得出乎意料，使人措手不及。當你全心投入，無視外界的反對聲音，壓下內心的自我懷疑，大膽放手追夢，相信它終將實現，並為此付出極大努力，甚至

耗盡精力時，特別容易遭遇這樣的創傷。

在實現目標的過程中，你可能做出了重大犧牲，甚至付出了高昂代價。或許失去了難以承受的金錢，因過度專注而疏離了人際關係，甚至因長期壓力、疲勞與忽視自身需求而損害了健康。你一次又一次地告訴自己：一切的付出終將值得。遺憾的是，即使付出了這麼多努力與犧牲，事情依舊朝著最壞的方向發展。夢想不僅沒有實現，反而帶來慘痛的損失與深刻的失敗，留下的只有失望、幻滅、自我苛責與悲傷。經歷這樣的衝擊後，往往會出現以下幾種反應：

- 對自己失去信心。
- 對他人和宇宙失去信心。
- 對「一切皆有可能」的想法更加懷疑。

如果你能回想起某段經歷，與我剛剛描述的情境相似，那麼你就經歷過目標創傷。這種創傷會讓人對「胸懷大志」變得更加保守，也會讓你在設定新目標時不敢抱持太多期待。當你背負著目標創傷，它會如同揮之不去的警世故事，不斷提醒你可能會出錯、可能再度失敗，尤其在設定新的收入目標時更是如此。於是，你再也無法以開放和坦然的心態去面對挑戰，反而承受更多壓力與焦慮，在困境來臨時也更難展現韌性，甚至會感覺自身力量枯竭。

目標創傷會讓你在設定新目標時充滿猶豫、懷疑，不敢直接付諸行

動，你會拖延、遲遲不願意全心投入，或者對該做什麼有所遲疑。就算你願意設定目標，缺乏內在的動力也會讓你不夠積極，無法全力以赴。如果你不相信自己，或者過去的經驗讓你認為根本不可能成功，又怎麼會想要努力實現目標呢？你可能還會刻意有所保留，甚至認為自己是出於「務實」才這麼做。讓我們以亞瑟的例子來說明。亞瑟前來求助時，他的事業已經停滯不前，而且連續好幾年都只能勉強維持生計。

當我和亞瑟一起為他的事業設定更大的目標和願景時，他的能量非常低落。無論我在過程中怎麼努力，都無法從亞瑟身上激起一點點興奮的火花，無論我提出任何建議，他都只是點點頭或聳聳肩。我問他這是怎麼回事，亞瑟回答：「我現在還不打算全心投入，先看看會怎樣吧。」當我向他解釋，若是抱著「先看看會怎樣」的態度，將無法帶來巨大改變和大幅提升收入時，他看起來更不感興趣了。於是，我問他覺得全心投入設定新目標的壞處是什麼。

亞瑟這才坦承自己多年前還是運動教練時，曾想到一個很棒的產品，能夠改變多項運動選手的動作技巧。因為對這項產品極具信心，所以亞瑟花錢製作樣品，也確定能發揮效果。雖然他的朋友或同事們看不出其中的潛力，但亞瑟知道這項產品能造成許多運動的革命性改變，所以他依然懷抱著遠大的夢想，毅然決定全心投入。在接下來的三年裡，亞瑟白天維持正常的工作，下班後熬夜研究他的新產品，不但自己投入了資金，還說服朋友和當地的企業一起加入投資的行列，也找到願意協助銷售產品的合作夥伴，利用週末和假期時間四處推銷。亞瑟有

時候甚至一連好幾個星期都沒有好好地睡一覺，全憑著對這項產品的信心和熱情支撐著他前進。

在那三年裡，亞瑟錯過了與兒子們相處的珍貴時光，每當孩子們晚餐後想找他踢足球時，他總是說：「爸爸必須工作。」亞瑟每一次都以「只要再努力一點，一切都會有回報！」這句話來安慰自己，也堅信很快就可以有突破性的進展，但這個進展始終未曾出現。由於原型產品的生產成本過高，無法大量推廣，再加上大多數教練無法理解這項發明的潛力，亞瑟的金錢與精力最後終於耗盡，不得不以失敗告終。他投注的金錢以及所有投資人的資金全都付諸流水，他的發明也不得不棄置。更不幸的是，亞瑟和家人之間的關係已經到了無法修復的地步，不但和妻子離婚，和孩子們也幾乎形同陌路。最後，他陷入一份早已厭倦卻不得不繼續的工作，比以往更加無力和困頓。

亞瑟心裡暗自發誓，從此絕對不再相信自己的想法、直覺和夢想。即使後來自己經營企業，他也下定決心努力工作、凡事親力親為，絕不再把錢浪費在那些白日夢裡。於是他每天工作十個小時、一週七天從不休息。當我們透過敲打法清理他過去的創傷時，亞瑟漸漸走出了因為相信自己並追隨夢想而失去一切的痛苦，也意識到自己這些年拒絕再相信或追求任何夢想。釋放了過往的情緒之後，亞瑟雖然感到疲憊，但也開始對過去的十年有了全新的看法。他覺得自己已經遭受足夠的懲罰，也準備好再次重啟人生。這一次，他會更有智慧，也會更懂得保持平衡。亞瑟離開時對我說：「我已經很多年沒有這種充滿活力的感

覺了。」現在的他充滿鬥志，準備好為夢想全力以赴！

清理目標創傷

若是想要成功實現目前的目標，那麼處理你可能擁有的目標創傷絕對是必經的過程。雖然無法讓過去重來，但是你可以改變自己對過往事件的看法。事實上，你從過去的那些事件中學到了許多教訓，更加了解自己的優點與缺點，以及自己當初的決定。如今再回頭看，那些教訓使你變得更有智慧、更強大，也讓你更有可能成功，而不是你再次努力時的絆腳石。

你或許開始意識到這些過去的創傷讓你落入某些模式，例如自我批判，這種貶低自己、看輕自己能力的想法，只會阻礙你的成功之路。這些都是極其重要的課題！我希望在完成接下來的敲打練習之後，你能以全新的眼光回顧那段過往，然後說：「因為那個事件，我現在更相信自己，更信任宇宙，也更相信這一切真的有可能實現！」

練習：克服目標創傷

請先挑選一段你曾經歷過的目標創傷事件，然後閉上眼睛，在腦海裡想像這件事再次上演，就像在看電視重播。如果這件事是一部微電影，它的劇名會是什麼？光是從劇名就能顯示出這件事對你的影響有多大，以及你的損失有多慘重。我常聽見的劇名包括：「我

失去一切的那一天」、「一事無成的我」，或是「地獄般的一年」。

那要如何知道那段經歷是否正在消耗你的能量，使你在實現目標時力不從心呢？請你一邊回顧事件，一邊感受你在第十章設定的遠大目標。接著，請以 1～10 評估以下兩句話帶給你的感受有多真實：「我真的很想要！」和「我知道我可以做到！」

如果你在說這兩句話時，沒有感受到太多情緒、期待或動力，那答案就很清楚了。

敲打練習：克服目標創傷（1）

請輕敲手刀部位，同時大聲說出以下的句子：

即使我經歷了這件可怕的事，我仍然肯定自己、愛自己，因為背負著這一切實在太沉重了。即使這件事充滿了痛苦、批判與悲傷，我仍然完全肯定自己，肯定自己一直背負這個重擔。沒有人肯定我做這件事，甚至連我都不曾肯定自己。我願意以寬恕和慈悲來愛自己、接納自己。

請依序輕敲各個穴位，同時說出以下的句子：

其實，我沒辦法原諒自己 *** 因為這段經歷真的太糟了 *** 我

> 完全搞砸了 *** 我失敗了 *** 徹底地慘敗 *** 不可原諒 *** 就像是一場惡夢 *** 比惡夢更糟。
>
> 　　因為我真的在乎 *** 我真的很希望成功 *** 我曾經希望奇蹟能夠出現 *** 我盡力做到最好 *** 真的非常努力 *** 最後卻徹底地被摧毀 *** 遭受重創 *** 然而除了我自己,沒辦法責怪任何人。
>
> 　　我失去了太多 *** 傷痛依舊 *** 徹底失敗 *** 痛苦 *** 悲傷 *** 失望 *** 回頭再看這件事 *** 真的是一個悲慘的經驗。
>
> 　　但我還是會回顧這件事 *** 同時想著我的目標 *** 有時想到這件事 *** 真的會讓我感到挫敗 *** 但此刻 *** 我選擇肯定這一切 *** 我肯定這整件事。

　　請做一次深呼吸。通常在完成這一回敲打練習之後,許多人會發現這樣的事件確實造成了創傷。由於過程中可能會出現強烈的自我批判,所以在進行下一階段前,我針對這個部分另外增加以下的敲打練習。請再次想像自己看著過往事件重新上演,把自己安插在一切開始走下坡的那個畫面,感受一下你內心是否浮現嚴厲的責備。如果答案是肯定的,那麼這一回特別的敲打練習就是為你而準備的。不計其數的人都曾告訴我,這些語句完美道盡目標創傷在他們內心產生的責難。如果可以,也請隨時替換成你自己的語句。

敲打練習：克服目標創傷（增強版）

請依序輕敲各個穴位，同時說出以下的句子：

我就是那樣 *** 我早該知道 *** 傻子！ *** 軟弱！ *** 愚蠢！ *** 搞不清楚狀況！ *** 我不應該那麼笨 *** 不應該那麼相信別人。

我過度付出 *** 我應該更警覺！ *** 太天真了 *** 我應該早點察覺 *** 我早該看出那些跡象 *** 應該更堅強 *** 天啊，我實在好氣自己 *** 真的太相信別人了。

我對所有的問題視而不見 *** 只是一頭熱地往前衝 *** 我活該受到這樣的責備 *** 因為我終於看清了事實 *** 我那時就是個傻子 *** 既軟弱又天真！ *** 應該做得更好 *** 應該更聰明、更堅強。

我責怪過去的自己 *** 也應該這麼做 *** 因為我是對的 *** 我有很多證據 *** 可以證明自己應該做得更好 *** 如果有人反駁這個說法 *** 我確定他們都錯了 *** 我當時就是太愚蠢、太天真，又太相信別人。

請慢慢地做一次深呼吸。然後閉上雙眼，再次想像自己在那部電影裡，你很可能會變得非常同情自己，也可能突然對自己當時的遭遇以及失去的一切感到極度悲傷。通常你到現在才真正體悟自己到底失去了多少，不僅僅只是外在的事物，還有你的自信與對他人的信任。接下來的練習就是為了回應可能湧現的強烈情緒。請肯定自己並承認你在

目標創傷中所承受的一切。

敲打練習：克服目標創傷（2）

請輕敲手刀穴位，同時大聲說出以下的句子：

即使我經歷了這件事，也因此一直苛責自己，但我現在選擇肯定自己。那時候發生了很多事情，我必須一一處理，也在幾乎沒有任何援手的情況下扛起一切。我已經竭盡所能。

即使內心那個自我批判的聲音說「不，我沒有竭盡全力」，我依舊全然肯定這段過往。當時的我承受了極大的痛苦、害怕，甚至是驚恐，而我被灌輸的觀念與行為模式也在潛意識中主導著一切。在這樣的狀況下，我還能挺過來，其實也算不錯了。我現在要肯定自己。我願意相信，我能為自己處理這件事的方式感到驕傲。

即使我經歷了這件事，甚至曾經想對著上天大喊「神根本不存在」，但是我將它視為一份禮物，因為我確實學到了一些重要的事。

請繼續依序輕敲各個穴位，同時說出以下的句子：

所有經歷的傷痛 *** 讓我肯定現在的自己 *** 我也肯定那時候的自己 *** 沒有人曾經如此肯定過我 *** 所以我現在選擇肯定自己 *** 那時候發生了很多事情 *** 我真的已經盡了全力 *** 我還需要再這麼批判自己嗎？

> 我從那次的經驗中得到了教訓 *** 讓我變得更聰明 *** 沒錯！*** 它讓我變得更堅強 *** 給了我力量 *** 因為我生存了下來 *** 我挺過來了 *** 我並沒有徹底崩潰 *** 這一點就值得肯定 *** 我值得擁有那些肯定 *** 我願意看到 *** 這部電影中的英雄 *** 那個英雄就是我。

請慢慢地做一次深呼吸。我常常問大家：「如果你的這部電影在戲院中播放，觀眾會流下眼淚嗎？」答案通常是：「會。」如果沒有人為你流過那些眼淚，那麼你需要為自己流下淚水。當你一邊進行敲打法，一邊釋放那些淚水，你就能獲得自由。若是經歷了如此情感衝擊的事件，卻從未肯定那些悲傷、失落與痛苦，它們就會一直停留在你的心裡，讓你無法跨步向前。只有真正肯定它們的存在，你才不會被困住。現在，請最後一次閉上眼睛，再次想像你在那部電影裡。假如這段經歷為你帶來了一份禮物，那會是什麼？你從中學到了什麼，讓你變得更有智慧、更懂得情理？你獲得了哪些真正需要的能力？你絕對不會再犯的錯誤是什麼？在這個過程中，你對自己、你的力量，以及你願意付出努力的態度，有什麼新的認識？

事實上，你已經度過那段經歷，並從中獲得了寶貴的禮物，而且你其實經常運用它們。想一想，這些禮物如何幫助你實現新目標呢？讓那段經歷轉化為屬於你的「英雄故事」吧！能夠從過往事件中走過來，

就足以是你更信任自己、更理解自身力量的理由。問問自己：「如果我能走過那樣的事，我還需要擔心無法承受新目標帶來的挑戰嗎？」有時候生活會帶給你挑戰，是為了讓你變得更堅強，為即將到來的事情做好準備。你必須先學會某些功課，才足以迎來真正的目標，成為自己旅程中的英雄。這會不會就是你的寫照呢？

最後，我們就以能夠幫助你專注在當下目標的敲打法，來激發出你的力量，並啟動追求目標的熱情。

正面的敲打練習：克服目標創傷

請依序輕敲各個穴位，同時說出以下的句子：

讓我放下這個過往的包袱 *** 回到現在的目標 *** 雖然這個目標看起來可能有一點瘋狂和不可能 *** 但是沒關係 *** 因為事實上 *** 我真的很想要達成目標 *** 我的確有一些恐懼 *** 這是當然的。

我只是個普通人！ *** 但無所謂，我還是很想要實現這個目標 *** 也會努力追求 *** 對，我當然還是擔心失敗 *** 我不想失敗 *** 但是我真的很想要實現這個目標 *** 我已經變得更聰明、更堅強，也做好了準備 *** 我現在就要行動。

現在！ *** 用所有的智慧 *** 所有的熱情 *** 和所有的精力 *** 就是現在 *** 這是我的選擇 *** 我真的想要實現這個目標 *** 過去的我可能用錯了方法 *** 但我相信奇蹟會在這一次降臨 *** 我

現在完全敞開心扉 *** 期待這一切！ *** 期待這個目標成為我生命中的奇蹟 *** 期待著 *** 這一段令人驚奇、有趣、興奮的旅程 *** 而我必須 *** 善用我的智慧。

啟發 *** 無畏 *** 充滿活力 *** 熱情 *** 我已經準備好迎接挑戰 *** 我是自己故事中的英雄 *** 我現在願意讓這個目標成為我的英雄之旅 *** 激勵我成長、茁壯和發光！ *** 我現在宣布我想要實現這個目標 *** 這是我的夢想！ *** 這是我的人生 *** 這是我的巔峰 *** 我正在攀登而上！

請慢慢地做一次深呼吸。感受這些話語帶來的能量，讓你更加篤定地準備好去追求目標。就在這一刻，目標創傷的烏雲已完全消散。

第十二章

清理「我不值得擁有更多錢」的信念

　　如果只能從這本書中選出一件你非做不可的事情，那一定是檢視你的自我價值設定。這一個章節將為你帶來最大的改變，通常我需要做非常多的解釋，才能說服大眾這是他們需要做的事。

　　每次當我提到「自我價值」時，常常會有許多人產生抗拒，他們堅稱：「我沒有自尊心的問題，我覺得自己很有價值。」他們繼續說道：「我不是那種自尊心低落的人，所以這個問題跟我無關。」他們會列出證據，像是學歷、豐富的人生經驗，或者過去的成就等等，證明自己擁有健全的自信與自尊，然後做出結論：「你看，我有滿滿的自信。這不是我的問題。」不過當他們面對自己設立的遠大目標時，可能會說：「我沒有自我價值的問題，我只是⋯⋯」

- 「不夠聰明，賺不了那麼多錢。」
- 「不夠特別或突出。」
- 「很難開口要求報酬。」
- 「擔心別人不喜歡我提供的東西。」

你看出這些說法的矛盾之處了嗎？你大概認識一些事業有成、經驗豐富或受過高等教育的人，照理來說他們應該具備極高的自信與自尊，或許從外表看起來確實如此，但他們卻常常做出與此相悖的選擇。聰明、成功的人仍然會陷入肢體暴力、言語霸凌或控制狂伴侶的虐待關係；或是在職場上被占便宜、受到剝削；又或是忽視自己的健康與外表。外在成就並不能代表一個人真正的自信與自尊。

了解「收入設定值」

我對「自我價值」的定義，基於一個稱為「設定值」的概念。首先你必須明白，自我價值並不是非黑即白，它其實是一個範圍龐大的光譜。你的內心早已有一個標準，決定你值得擁有多少金錢、獎勵和享受。這個內在設定值就像一個預設好的自動調節器，使你保持在當前的自我價值水準。

無論你現在是否具備良好的自信、自尊或自我價值，最關鍵的還是你的設定範圍。當你打算從當前的水準躍升到更高層次時，就必須調整「自我價值設定」。因為你所訂下的遠大目標遠遠超出目前的水準，所以需要同步提升內在的自我價值設定，才能與目標相符。否則，你會在邁向更高層次的過程中，不自覺地破壞自己的成功，或者製造某種困境，好抵消擁有成功所帶來的美好感受。

要如何判斷自己的自我價值設定呢？很簡單！只要客觀地看待你目

前的生活狀況即可得知，因為你現在的生活會反映出你在各方面的自我價值：

- 收入與財富
- 健康與安適
- 愛與被愛
- 成就與成功
- 放鬆與休閒
- 收穫與獎勵
- 快樂與享樂

你始終都生活在自我價值的設定範圍中。請留意上述清單中任何讓你感到明顯失衡的部分。即使你對現在的生活很滿意，當你設定新目標並試圖突破現狀時，往往還是會出現自我懷疑。因為你的內在系統早已在潛意識中設下極為精細的基準點，用來維持「痛苦或快樂」和「掙扎或喜悅」的平衡。這個設定值影響的層面不只金錢，還包括：

- 你必須多努力才能賺到錢
- 你應該賺多少錢
- 你應該存多少錢
- 你可以擁有多少休息時間

◆ 你可以接受多少獎勵、愛與喜悅
◆ 你的身體可以感受多少放鬆與愉悅

　　自我價值設定會掌管你在生活各方面能接受多少「美好事物」。如果某個層面失衡，其他層面可能會自動調整來恢復平衡。舉例來說，如果你的收入大幅超過目前的設定值，你可能會在潛意識中搞破壞，或想辦法把錢花掉。或者你可能突然胖了十幾公斤，對自己的外貌感到沮喪。這就是為什麼你現在必須處理這個問題，因為你所設定的收入目標將遠超出你的設定值，嚴重打亂內在平衡。如果不先提升內在的自我價值設定，就會導致失衡，觸發許多反應，破壞你的成就。你可能認為自己絕對不會那麼做，並堅持自己真的想要賺更多錢。但請記住，自我破壞行為是在潛意識中產生的。

　　你或你認識的人是否曾在達成目標後，卻做出某些行為，破壞好不容易得到的成就？或者你是否曾看過某個人賺了大錢，卻在生活的其他方蒙難受苦？回顧這些事件，你會發現造成負面結果的導火線，似乎都是隨機的外在因素，或是根本不相關。你也許很難想像自己怎麼可能或為什麼會做出自我破壞行為。但這確實會發生！你的大腦中有一個極其精妙的部分，會監控你是否超出了設定值。假如超出了，它就會開啟自動模式，讓你不自覺地做出或不去做某些行為，以重新調整並恢復平衡。這些行為會損害你的成果，將你拉回原本的設定值。這些看起來互不相關的行為，表面上聽起來會像是：

- 「我總是拖拖拉拉。」
- 「我覺得不知所措。」
- 「我不知道應該先專注做哪一件事。」
- 「我精神不濟、過度疲勞、精疲力竭。」
- 「我非常焦慮和擔憂。」
- 「我無法相信任何人／只有我能完成這件事。」
- 「我被各種瑣事和義務綁住了。」
- 「我沒有時間處理／我分身乏術。」

　　這些都是潛意識行為的徵兆，它們巧妙地相互運作，以維持你在自我價值設定上的平衡。我曾經多次目睹並驚訝於這些行為能迅速、精準地讓人們回歸到原本的設定值。最常見的例子就是收入增加後工作時間也跟著提高。薪水一樣的同一份工作，某個人每星期花四十小時就可以完成，另一個人卻得花六十小時。儘管表面上看起來，這可能是許多外在的因素、狀況或複雜問題所造成，導致另一人得工作六十小時；但事實上，這是因為兩個人對工作報酬與自我價值的設定不同。這種狀況非常普遍。

　　好消息是，正如潛意識中的自動模式可能導致自我破壞，它同樣也能成為你的助力。當你進行內在調整，提升自己的設定值時，這些精妙的自動模式就會開始支持你，幫助你更順利地前進！本章的練習將引導你正視自己的遠大目標，並且誠實地思考，你是否真心認為自己值得

賺這麼多錢。當你進行練習時，請專注於內在的真實感受，而不是頭腦裡的聲音。

首先，請透過以下幾個問題，檢視你所認為的自我價值與實際行為之間是否存在矛盾。這些問題的核心其實都指向同一個主題：你如何對待自己？

- 當你生病時，你是否會善待並關懷自己？你是否會好好休息？
- 當你工作一整天後，你是否會好好放鬆，不會因為沒做更多事而感到內疚？
- 你在週末是否會好好放鬆，不會因為沒有助人、打掃或保持生產力而感到自私或內疚？
- 你是否經常為了家人或他人付出，甚至到筋疲力竭的地步？
- 你是否經常說自己很想去按摩，卻總是找不到時間？
- 你內在的自我批判有多嚴厲、多無情？

上述看似無害的潛意識行為，其實會反映出你真正的自我價值設定。事實上，你對待自己的方式，正是依循這個內在設定值的規範。因此，你會依照自己認為配得的程度，來限制或允許自己放鬆、快樂，以及擺脫罪惡感。另一個反映設定值的指標，是長期處於時間與精力的赤字之中。換句話說，你總覺得時間永遠不夠，或經常感到身心疲憊。你可能會用各種理由說服自己，把這些問題歸咎於外在、不可控

的因素。但有沒有可能，這一切其實都是內在設定值在主導？你心中的自我價值設定，決定了你必須付出多少時間與努力，才會覺得自己有資格獲得他人的金錢、愛、讚賞與肯定。

當你發現自己有長時間過度努力工作的傾向時，往往會對自我價值設定的真相恍然大悟。由於你內心認為自己的努力、才智、精力、效率，甚至天賦都不夠，所以必須投入更多，才配賺取更高的收入。這樣的信念會迫使你做更多事、花更多時間，只為證明自己的價值。事實上，只要觀察一個人的行為和工作方式，就能看出他對自我價值設定的感受與信念。

你如何看待自己的價值

請回顧第五章的早期金錢觀練習。你的父母是否在無形中影響了你的價值設定？或許他們的每一分錢都必須努力工作得來，或許他們經常說「你必須努力不懈才能成功」，也或許他們會批評不夠努力或是憑藉著運氣成功的人。這些都清楚傳達出一個訊息：不努力的人不配擁有財富和幸福的生活。你的早期金錢觀會影響你的自我價值設定。你可能很難察覺自己的許多潛意識行為，都不知不覺地吸引你做更多工作，好像非得先付出到某個程度，才配得上別人的金錢和愛，甚至是你的休息時間。

「這怎麼可能？」許多人經常提出質疑。這些潛意識中的行為與不

作為，會吸引並創造出一個錯綜複雜的情境，表面上看起來好像不是你能控制的，而是外在因素讓你受困於自己的設定值裡。這個情境讓你的效率低落、缺乏創造力和靈感，也沒辦法專注。有些事你會做得太過，有些事卻又做得不夠，而且你的時間總是不夠。聽起來很耳熟嗎？下面幾個問題能幫助你發現更多潛意識中的「我不配」行為：

- 你能否對耗費你的精力和時間，讓你生活更複雜的人和任務說「不」？
- 你是否會主動爭取時間和資源，好讓自己能專注並恢復狀態？
- 你是否重視自己的時間，並要求其他人（包括你的家人）也這麼做？

假如你的人生總是在為他人過度付出，這些問題會顯得非常尖銳。取悅他人的行為潛藏著一種「我不配」的心態，即使你未必察覺得到。當你開始看見這樣的行為，往往會感到相當不自在。如果你對此感到抗拒，請先深呼吸，告訴自己現在要做的這件事非常艱難，但是將會有很大的回報。全然肯定你的猶疑和抗拒。請記得你正嘗試去做一件百分之九十五的人從未做過的事，用誠實的眼光看待自己和潛意識中的行為，讓自己準備好迎向下一個階段。你選擇這麼做不是出於被逼迫、需要接受治療，或是把人生搞砸了，而是因為你想在財富、成功和快樂上突飛猛進，因為你內心有一股動力和渴望，想要更有成就、更大膽、

更有活力，以及得到更豐厚的收入！

請回想以下的狀況，當你有好的表現時，你會稱讚自己嗎？你有多常對自己說「我應該更努力，做得更多、更好」？你又有多常對自己說「哇！我做得真棒，真為自己驕傲」？當你留意自己的內心如何強化自我價值設定，會帶來極大的啟發，這正是你如何對待自己的重要指標。假如你覺得應該苛責和批評自己，你就會這麼做；假如你覺得應該善待與支持自己，你也會這麼做。

經常有人問起自我價值設定和吸引力法則之間的關係。當一個人說「吸引力法則對我不管用」，通常是自我價值設定在暗中搞破壞。根據吸引力法則的運作方式，你應該期待自己想要得到的東西。然而即使在理智與情感上都認同自己的目標，甚至能清楚地將它視覺化，你的自我價值設定卻會像一股反作用力，抵消你的渴望，彷彿有部分的你在喊：「我很滿意現狀。」這會稀釋你的渴望，因為你並沒有百分之百與目標保持一致，進而阻礙你實現目標。

罪惡感與你的自我價值設定

我們從小就被灌輸要為自己所犯的錯誤感到內疚和羞愧，特別是在早期的求學階段。但是仔細想想，你是不是曾經在一天當中做了許多對的事，卻因為一個小小的失誤而苛責自己。這個潛意識的習慣會讓你處處受限，所以一定要打破這個習慣！罪惡感是一個關鍵的警鐘，如

果你超出了自我價值設定就會警鈴大作。當你開始獲得超出自我價值設定的東西，無論是更多金錢、歡樂、獎勵、認可，甚至只是一天的放鬆，就會產生罪惡感，常常覺得自己太自私。這些都是提醒你超出了自我價值設定的警告。人們通常很願意談論自己的罪惡感，但往往沒想到這和自我價值設定有關。他們常說：「我沒有自我價值的問題，只是太放鬆的話會有罪惡感。」

有一個能幫助你頓悟的問題：當你的內心產生罪惡感或覺得自己很自私時，你會怎麼做？大多數人通常有兩種反應。第一種是「過度反應」，也就是立刻採取習慣性的行為來抵消這些感受，像是過度認真、過度付出、過度工作、過度飲食等。你可能會過度給予，花很多錢在別人身上，以減輕覺得付出不夠多的罪惡感，並且可能因此花掉為其他重要用途預留的錢，或是積欠更多卡債，只求能讓罪惡感消失。然而等到你減輕罪惡感之後，你會發現自己的精力、資源和時間都呈現負債狀態，整個人都被消耗殆盡了。

第二種反應是反抗，但最終會變成罪惡感和自我傷害。例如，你終於為自己做了一點事情，當你正在享受時，罪惡感卻突然降臨，通常是被他人的批判性言論所觸發，像是「哇，你真好命」，他們可能還會表示自己「很有責任感，沒有閒工夫享樂」，讓你產生罪惡感，覺得自己很自私。有時這樣的狀況會引起憤怒和怨恨，讓你忍不住反駁，同時也反抗內心那個想讓你回到自我價值設定的罪惡感。

遺憾的是，當你進入反抗和戰鬥模式時，你會陷入「我要證明給你

看！」的模式，這是另一種「過度反應」行為，你可能會過度放縱、過度消費、過度放鬆、過度狂歡，同時也會產生過度防衛的心態。在這個模式下，你很可能會和能幫助你成功和過著幸福生活的關鍵人物及資源發生衝突。而隨著破壞逐漸累積，又讓你產生罪惡感和羞愧感。然後，過度行為的循環再次出現，把你拉回原來的設定值。有時候，你在反抗模式所帶來的混亂，會導致你產生羞愧感，讓你覺得自己應該把自我價值設定降低。這就是許多人一步步陷入惡性循環，最後跌到谷底的原因。

請看看自己的人生，你花了多少時間耽溺在罪惡感當中，試著證明自己並不自私，或者試圖擺脫更多的罪惡感？再仔細檢視這些狀況對你的行為產生了什麼樣的影響。當你超出設定值時，罪惡感和自私感就像是引發內心爭戰的戰火，不斷地挾持你重回到「痛苦或快樂」和「掙扎或喜悅」的平衡狀態。從這一刻起，請記住，當你感到罪惡感時，實際上是對你正在獲得的任何獎勵或快樂發出「我不配」的警告。你的罪惡感會說「我不配得到這個獎勵、這筆錢、這個肯定、這種放鬆的感覺」。它是一種相當強大的驅動力，除非你開始正視它、挑戰它並釋放它，否則它永遠會影響你的行為。

提升你的自我價值設定

如何提升你的自我價值設定？首先，你要開始在內心、腦海和信念

機制中建立自己的價值、獨特才能和天賦。這完全是一個內在功課，你必須發現並挑戰所有和自我價值有關的負面信念，並用強大的新認知和信念（包括你的貢獻、潛力、價值，以及你付出的時間和精力）改寫過往的觀念。而敲打法對清理舊觀念有非常好的效果！

其次，藉由敲打法進一步發掘你的才華、創造力、行動力和領導力，來提升你的價值和貢獻。重要的是你明白，當自己開始清理負面信念時，這一切就會自然發生，而且透過一個簡單的技巧，也就是有意識地召喚自己的潛能，還可以放大效果。你可以直接召喚你的潛能帶來更多靈感、堅定的行動、能量、領導力、勇氣，或任何達成目標所需要的能力。只要你召喚，它就會出現！請相信你擁有比想像中更多的潛力和才能，正等著你發掘。

相信你擁有一切，只要召喚，它就會出現。

當你開始體驗並目睹自己運用更多潛能時，你的自我價值設定也會跟著提升，然後你的才能、自信與回報也隨之上揚。請開始找出當你的目標超出設定值時出現的負面信念，並藉由敲打法加以清理。請用你設定的遠大收入目標來進行以下的敲打練習。

=== 練習：相信自己值得 ===

請看著你的收入目標，然後填寫下以下句子：

「我絕對有資格賺取＿＿＿＿＿＿元。」（請填入你的目標金額）
「我的資質和才能的價值，足以讓我賺取＿＿＿＿＿＿元。」

　　大聲說出這兩句話，然後留意你內心的感受。接著以 1～10 評估這兩句話是否符合你的真實感受。我指的不是你有多希望這些話是事實，而是你內心深處有多認同這些話。接著請進一步寫出你為了賺到這筆錢，每個星期預計投入的工作時間，並且大聲說出下列句子：

「我絕對有資格每週工作＿＿＿＿＿＿小時，賺取＿＿＿＿＿＿元。」
「我的資質和才能的價值，足以讓我每週工作＿＿＿＿＿＿小時，賺取＿＿＿＿＿＿元。」

　　請以 1～10 評估這兩句話的真實感，你在大聲說出這兩句話時，心中是否浮現任何想法或感受？你是否感覺到自己的時間、精力與才華的價值，和內在設定的自我價值相抵觸？

　　這個練習對大多數人來說著實大開眼界，因為我們平常不會說出這樣的話，更不會去評估自己的感受。現在，讓我們更進一步，把聚光燈照向你對自私所產生的罪惡感、羞恥、不安與批判，看看它們如何影響你的價值設定。

請閉上眼睛，想像你站在舞臺上，手上高舉一面巨大的告示牌，上面寫著你的收入目標，舞臺下有成千上萬人，每一個都是你認識的人，包括你的父母（即使他們已過世）、兄弟姊妹、親戚、朋友、同事、現有和潛在客戶、同學、所有教過你的老師等等。他們的目光都在你高舉的那面告示牌上，而你要大聲地宣布兩件事。

首先，想像自己對他們說：「這是我想賺到的錢，而且我有資格賺這麼多！」繼續閉著眼睛，留意你的感受。是否覺得尷尬、丟臉或害怕？想像觀眾的反應，他們是震驚、懷疑，還是群起歡呼？仔細觀察這個畫面，你的潛意識正清楚描繪並顯示出你的自我價值設定，將你內心對於自身價值的拉扯投射在觀眾的反應上。

接下來請說：「我做得到！」這句話引發了什麼感受？觀眾有什麼反應？你會開始看見所有真正阻礙你追求目標的絆腳石。

假如你不認為自己完全有資格賺到這筆錢，那麼潛意識的抗拒行為就會啟動，並破壞你的進展。現在，請在想像畫面中加入另外一個因素：想像你在舞臺上宣布自己希望每週工作多少小時來賺到這筆錢，請誠實說出時數。你可能只想每週工作二十小時，但在這個想像舞臺上說出來，可能會讓你覺得不自在。畢竟，如果你現在每週工作四十小時，那麼基於必須更努力工作才能賺更多錢的限制性信念，若想要賺更多錢，應該要把工時提高兩倍或三倍才對。這就是必須把工時納入考

量的原因。它會觸發更多的內在阻礙，讓你能加以清除，這樣一來，潛意識就不會在你想賺更多錢時，製造出需要更長工時的工作。

現在請花一點時間寫下你在這段想像畫面中，身體和大腦感受到、看到、經歷到的一切。這當中蘊含了大量的寶貴資訊，能夠清楚顯示出實現目標以及改變財務狀況的最大阻礙。接下來的敲打練習，旨在清理過程中可能出現的感受。你可以根據自己的經驗、情緒和話語，調整成最符合你的狀況。當你進行想像時，你的自我批判會自動投射到舞臺下的群眾身上。你是否在當中同時看到支持你和懷疑你的人？或者全都是否定你並朝著舞臺喊「你憑什麼」的人？

我已經帶領數千人進行這個練習，很多人告訴我臺下的群眾不但嘲笑、否定，甚至變得憤怒或開始咒罵。這些畫面反映出你對被他人嚴厲批評的恐懼和預期心理，也反映出你對自己是否有資格邁向成功與財富的懷疑心態。這些都是非常需要釐清的部分，因為一旦意識到這些，就能透過敲打法快速有效地清理，也才能終止拖延的習慣和扯自己後腿的行為。然後，你就可以透過敲打法召喚自己的天賦與潛能，開啟人生的新篇章。如果你想從內而外開創嶄新的人生，這就是你能為自己做的最強而有力的事。

想要坦然面對某些你背負了一輩子的問題，需要極大的勇氣與決心，但這麼做能讓你成為充滿生命力、能量澎湃、光彩耀眼的自己，並因此獲得豐厚的回報。以下的敲打練習將首先處理阻礙你設定遠大目標的負面信念。為了發揮最大效果，在說出這些負面語句時，請盡可

能誇張並放大音量,這樣可以更快速地打破負面循環。請先重複幾次原本的語句,再替換成你自己的,即使你覺得這些語句太誇張,也務必照樣說出來。這麼做不會強化你的負面信念,因為當你大聲說出這些負面語句時,就已經開始釋放它們所帶來的影響,它們會變得比較不真實,也不再那麼重要。

以下的敲打練習是為了反映並清理影響你最深的負面信念,因此聽起來可能非常消極。在開始之前,請先專注在你的目標,以及你對前述例句與想像畫面的所有反應。感受那些抗拒、情緒和限制性信念。

敲打練習:肯定你的自我價值設定

請依序輕敲各個穴位,同時說出以下的句子:

我真的很想賺那麼多錢 *** 但之前的想像練習真的讓我大開眼界 *** 我真的感受到自己的抗拒 *** 有一部分的我 *** 在反抗 *** 那部分的我不確定自己是否有資格賺那麼多錢 *** 我的內心出現質疑 *** 質疑我的自我價值。

有一部分的我 *** 強烈抗拒我值得擁有這些 *** 我能感受到那部分的我在反抗 *** 跟我爭辯 *** 堅持我沒有資格賺那麼多錢 *** 尤其是工時那麼短 *** 那部分的我認為想賺那麼多錢很自私 *** 根本連開口要求都不應該。

*** 當我說自己有資格時 *** 心裡立刻湧現出罪惡感 *** 有點

恐懼 *** 還有點羞愧 *** 當我想像舞臺下有一大群人時 *** 我覺得很不自在 *** 我以為自己是誰？

　　我真的認為自己有那麼特別嗎？ *** 一部分的我說，我沒那麼特別 *** 沒那麼獨一無二 *** 沒有人會願意付那麼多錢給我 *** 我根本沒本事賺到那麼多 *** 除非我一天工作一百萬個小時 *** 我不夠特別 *** 不夠聰明 *** 不夠有才華 *** 我就是不夠好 *** 這個聲音又大又響亮 *** 反抗我的目標 *** 這個聲音讓我不敢越界 *** 我聽得非常清楚 *** 它說出了一些很難聽的話 *** 「你以為你是誰，竟敢說你有資格賺那麼多錢？」

　　在某方面來說，我覺得自己很自私 *** 而且做錯了 *** 我感到羞愧 *** 尷尬 *** 罪惡感 *** 我預期如果別人知道了 *** 他們也會同意我不夠好 *** 也會覺得開口要求那麼多錢是不對的。

　　我太自以為了不起！ *** 我沒有什麼特別之處 *** 沒什麼讓我有資格賺到那麼多錢的地方 *** 我必須接受這一切 *** 我看見也感受到我內在的自我價值設定 *** 我看見也感受到潛意識裡的不安 *** 我想要跨越原本的設定值 *** 我看見也感受到那些潛藏的力量 *** 造成自我破壞 *** 或引起麻煩與痛苦 *** 讓我只能在原本的設定值打轉 *** 我看見也感受到 *** 是什麼在驅動我的潛意識行為 *** 所有那些自動運作的行為模式 *** 讓我一直裹足不前的模式 *** 而我現在要做的 *** 就是去肯定這一切。

請慢慢地做一次深呼吸。我會建議你重複這一回的敲打練習，多花一點時間深入探索讓你特別有感觸的部分。請在進行敲打練習時，持續大聲地說出所有浮現的負面情緒或自我對話，讓這些感受慢慢減弱。接著再次以 1 ～ 10 評估你的感受，這時你會發現敲打法大幅轉變了你的自我價值對於遠大目標的感受。這表示你的自我價值設定已經大幅提升了！

現在，你就可以主動提升自己的設定值。當你清理限制性信念之後，往往能帶來新的視角，並讓你更懂得欣賞自己的獨特價值與才能。你早已擁有一座尚未開發的寶庫，裡面蘊藏著遠超過你目前所知的潛能，只是過去的價值觀限制了它的發揮。現在是時候改變了！想要讓自我價值設定符合你的目標收入與工時，你必須展現更多獨特的能力。

請試著召喚更多自己尚未開發的潛能，讓某種天才般的靈感從你的內心湧現。當它出現時，請大聲對自己說：「我真棒！」如此一來，你就會進入自我價值設定不斷提升的正向循環。本章的最後，我將帶你進行正向的敲打練習，幫助你喚醒更多光芒與才能。

正面的敲打練習：召喚更多潛能

請輕敲手刀部位，同時大聲說出以下的句子：

　　雖然有一部分的我，還不太相信自己真的有資格設定賺這麼多錢、工作這麼少時數的目標，讓生活充滿喜悅、享受與自在，但我現在選擇肯定這個目標，並且期待它實現。

　　雖然有一部分的我，真的很懷疑自己是否具備足夠的才能、天賦、能力或精力，在這麼短的工時內賺到這麼多錢，我也知道自己從來沒賺過這麼多錢，所以確實很難想像這個目標實現。但事實上，我還有很多潛藏的才能、無窮的活力、勇氣與熱誠、靈感與專注力，以及果斷的行動力。

接下來請依序輕敲各個穴位，同時說出以下的句子：

　　我擁有尚未開發的潛能 *** 擁有尚未釋放的天賦 *** 雖然我到目前為止已經見識過一些 *** 但和我尚未展現的潛能相比 *** 那都不算什麼 *** 我要喚醒這些潛能 *** 所以我現在要召喚 *** 讓更多的才華顯現 *** 我現在願意讓更多的靈感 *** 湧向我 *** 我已經準備好 *** 透過我的雙手 *** 實現有效率的行動。

　　我要直接向潛意識喊話 *** 那是能讓我跳躍攀升的部分 *** 充滿創意 *** 擁有百萬創意點子的部分 *** 只等待湧現的那一刻 *** 我現在要召喚它 *** 帶來更多出色的點子 *** 帶來靈感 *** 給我勇

> 氣 *** 讓我大膽行動 *** 展現更專業的領導力 *** 更有效率的策略 *** 我要召喚潛意識為我帶來這一切。
>
> 　　我知道我的潛意識是尚未開發的寶藏 *** 我現在敞開心扉，做好了準備 *** 我願意接納所有的點子和靈感 *** 採取行動和挺身而出 *** 當它們來臨時，我會聆聽 *** 用開放的態度與想法去接受 *** 我願意採取行動 *** 覺察屬於我的天賦和才能 *** 我相信自己還有更多潛能 *** 比我目前看見的還要多 *** 超出我目前展現的一切 *** 我願意敞開心扉讓我的才能湧現 *** 為我創造最大的優勢。

　　請慢慢做一次深呼吸。重複進行這一回的敲打練習，直到你對自我價值有更好的感受。當你的自我價值設定提升後，金錢就會更輕鬆地流向你。

第十三章

破除「追求完美」的誓約

「我為什麼不能更有錢？」你是否覺得自己明明努力工作，卻始終得不到渴望的回報，無論是金錢、聲望、職位，還是自在的生活？你是否看到其他人做著跟你相同的工作，甚至沒有你做得好，卻被欣賞、被肯定，還獲得豐厚的收入？當你不斷地努力，想要賺更多錢、得到成功，但豐碩成果卻遲遲不出現，的確會感到沮喪。我將在本章探討這個模式。現在就讓我帶領你：

- ◆ 把付出努力苦心經營的事業，轉化為極為成功的事業。
- ◆ 發揮所有才能、經驗與專業，得到同事、上司或客戶肯定。
- ◆ 獲得長時間努力工作的成果，邁向職業生涯的巔峰。
- ◆ 開創多元的收入來源。

追求完美

在設定目標時，有一種會對你產生傷害並侷限財富累積的負面誓

約，那就是「追求完美」。如果你是喜歡追求成就、對自己和他人都要求極高的人，很可能就已立下了追求完美的誓約。又如果，你是那種熱愛學習、希望精通接觸到的一切事物，或已經是某個領域的專家，那麼你更有可能落入這樣的狀態。事實上，每一個對「完美」抱持極高標準的人都有可能如此。通常只要我稍微形容，人們馬上就會意識到：「喔，我就是這樣。」

雖然在自我成長領域中，我們時常聽到不應該追求完美這句話，因為完美並不存在，而且身為完美主義者並不是件好事。然而許多人仍然相信只要更努力、做到最好，甚至做到完美的地步，他們的人生在各個方面都會變得更美好。所以很多人會暗自發誓：「我必須做到完美，我一定要鞭策自己，直到完美為止。」他們並不認為完美主義有什麼問題。在他們看來，追求完美相當合理，對他們很有幫助。

如果以自我批判的觀點來看，追求完美有兩種不同的角度。第一種是當你回顧過去犯下的錯誤，例如第六章提到的「財務創傷」時，追求完美的你，會認為自己所犯的錯誤不可原諒，你認為「我當時不應該這麼傻」，覺得一切都是自己的錯，認為自己應該受到「懲罰」或遭受同樣的損失。如同我在前幾章所提到的，我們可以透過敲打法清理這樣的信念。

第二種角度，同時也是這一章的重點，則是當你回顧過去的成就時，仍然會有「我應該可以做得更好」的想法，因為追求完美的你只看見自己遺漏的，以及你心裡覺得沒達到百分之百的地方。因此從這樣

的角度來看，你會一直覺得自己還不配得到金錢、獎勵和認可，因為你還不夠完美。也因為你一直覺得不夠完美，還有進步的空間，就會用各種邏輯來合理化你的自我批判。這也是為什麼這個誓約很難清理。想要追求完美這件事聽起來好像很有道理，也理所當然，但事實上必須付出龐大的代價。當你處處追求完美，你其實是在告訴宇宙：

- 「我還不夠完美，所以在把事情徹底做好之前，我沒有資格得到回報。」
- 「我不配得到關注和讚美，不配得到報酬，也不配得到尊重與認可。」

想要達到完美根本不可能，所以當你誓言做到極致完美時，就代表你會不斷地追求完美，卻永遠無法達到讓自己覺得終於有資格獲得豐厚報酬的程度。除此之外，每一個你設定的目標，以及為了達成目標所採取的每一個行動，都會額外承受「一切必須做到完美」的壓力。當你沒辦法做到完美的標準時，就會用「我應該可以做得更好」的想法打擊自己，並在腦海中不停回想每一個錯誤片段。

你是否擁有無論你怎麼做都有意見的主管，或是無論你做什麼都嫌不夠好的父母？他們的標準根本不可能達到。在這種令人感到挫敗的情況下，很容易導致自我懷疑和焦慮。同樣地，事事追求完美會導致同樣的恐懼和自我懷疑，令人無法跨出第一步，或無法完成自己在做的

事。追求完美讓許多人停滯不前，無法採取任何可能對事業有利的行動，像是開創新產品、寫作出書、演講和自我行銷，因為他們忙著處理較不重要的事情和行動，等著「某天準備好」就能大展身手。你可以透過以下練習了解自己是否不知不覺中立下了追求完美的誓約：

=== **練習：覺察追求完美的誓約** ===

請回想你最近完成的一件事。你的腦海中是否浮現「我知道自己可以做得更好」、「我應該更努力」或「我為什麼沒有做更多準備」的想法？這些想法是否比「我認為自己做得很好」更為強烈？

如果你有類似的想法，正是追求完美的典型特徵。在完美主義的影響下，你會毫不留情地批評自己的不完美，對自己非常冷酷無情。你的內在批判會豎起雷達，四處挑剔，尋找你做錯的地方。就算你已經很努力，也做得很好，它還是會說：「你可以做得更好。」意思就是：「你還不夠完美。」這會讓你（至少在潛意識中）開始相信：「我其實還不夠資格，我應該等到做得更好的時候再說。」或者你會這麼想：「這就是我應該得到的普通結果，也是我應該得到的普通報酬、普通聲譽，因為我就只值這樣。」

你心目中「達到完美」的時刻並不存在，因此你永遠無法認可自己其實足夠好，值得賺取想要的報酬。我有一位名叫茱莉的客戶，她的

完美主義造成了嚴重的問題。茱莉參加過很多自我成長課程，卻還是搞不清楚為什麼無法在自己的專業領域得到應有的收入。茱莉擁有自己的公關公司，她滿懷熱情幫助客戶得到他們需要的媒體版面，並指導他們向公眾展示自己來吸引有利發展的正面關注。然而她卻無法幫助自己做到同樣的事。她來找我的時候非常沮喪，她對只能勉強經營自己的公司感到失望。在經過上述的練習之後，我指出她有追求完美的傾向，而且自我要求極高。

茱莉聽了之後大感震驚，她一直認為自己是自我成長型的人。但茱莉不知道的是，她的內心深處一直埋藏著完美主義的誓約。茱莉表面上看起來有極高的自尊和自信，但她的內在批判使她一直處於停滯狀態。這一刻的頓悟讓茱莉感到震撼，但她隨後笑了出來，承認追求完美和嚴厲地批評自己正是她的寫照。茱莉意識到自己在大部分的人生中，一直被追求完美所束縛，只要有一點不完美就會嚴厲地斥責自己。回想過去，茱莉記起她的父母一直激勵她必須做到完美。他們要求她在學業上取得滿分、控制體重、舉止無懈可擊，總之，就是要做一個完美的女兒。如果茱莉沒有達到父母的高標準期望時，哪怕只是小小的不足，都會受到責備。

茱莉對自己的嚴格要求，讓她無法全力以赴成為一位優秀的公關，因為即使她獲得了很多正面的肯定，她的內心深處並不相信自己真是如此。每當她考慮接觸更大的潛在客戶時，她的完美主義會讓她覺得自己還不夠好，無法滿足客戶的期望。茱莉一直在學習，學習建立更多

人脈，學習提升撰寫新聞稿和電話溝通的技巧，她從不覺得自己知道的已經夠多了。雖然追求完美的心態從小就困擾著她，但直到我們談話時，茱莉才意識到自己處在這個模式，也才認清自己努力不懈卻只能換來平庸回報的原因。

茱莉最後發現自己從來不曾發揮對工作的熱情，每一次只要接近事業的下一個階段，她的自我批判就會出現，阻止她那麼做。所以每當一個有利的機會出現時，由於擔心自己不夠完美，她總是迅速地回絕。她不敢回媒體人的電話，因為擔心自己說錯話。她把更有名、預算更高的潛在客戶推薦給其他公關，因為害怕自己無法應對得當。她甚至放棄了與一位比自己更有成就的公關夥伴合作，因為她的自我批判讓她覺得自己不夠格。她擔心對方會對她的能力感到失望，因此無法承受這樣的風險。

當茱莉來找我時，她剛被介紹給一家大公司的執行長，對方有意請她負責新產品上市的公關活動。茱莉不想再錯失機會，所以來向我尋求協助，希望能擺脫自己的阻礙。在我和茱莉交談之前，她並不知道自己曾立下追求完美的誓約，但她隱約知道有某個東西困住了她。當茱莉清除了這個阻礙之後，她的事業和人生都產生了巨大的轉變。茱莉恍然大悟，原來正是認為自己不夠好的內在批判，把她困在精神的牢籠裡。

為了避免讓自己出醜，以及自認不是優秀的公關人員，茱莉創造了無形的阻礙，讓她受困於這些信念的牢籠，因此認為自己必須累積更多

經驗，才能將自己和事業推向更大的舞臺。雖然茱莉在理智上知道客戶非常滿意，也和媒體建立了穩固的關係，然而童年時被灌輸的觀念，讓她在潛意識裡覺得自己必須再更努力，才有資格擴大事業和財富。茱莉因為害怕失敗，所以無法肯定自己已經是優秀的公關人員，這使她無法冒險並相信自己能夠為客戶提供出色的服務。

在進行了敲打法之後，茱莉終於明白為什麼無論她多努力都無法達成目標。這份覺察讓她開始有意識地改變自己的想法，不再認為自己還沒準備好拓展事業。她知道自己已經準備好了！隨著持續進行敲打法，茱莉有了前進的動力，當那個批判她的念頭再度出現時，茱莉靠著敲打法的療癒，獲得了向前邁進的勇氣。之後，茱莉的收入不但翻倍，事業也正在擴展，她對自己能夠為客戶（甚至是大客戶）提供卓越的服務充滿信心。對她來說，更令人振奮的是她持續為自己設定目標。她以前從來不曾設定財務目標，因為她覺得自己無法突破眼前的困境。現在，茱莉已經擁有遠大的夢想。

茱莉的例子顯示出追求完美和自我批判之間的關聯性，她曾誓言要鞭策自己，直到達到完美為止，但那個完美目標永遠不可能達到。你是否也在自己身上看到了追求完美的傾向？接下來，我們將進行清理追求完美的敲打練習。你剛開始可能會產生抗拒，因為這個觀念已經在你的大腦中盤踞已久。因此在進行時，請體認到追求完美所帶來的負面影響，以及拋開它之後所帶來的積極轉變。

雖然你依然會對自己採取高標準，也喜歡追求成就與卓越，但這個

追求完美的心態一旦被清理，它就會成為一個選擇，而不是一定要達到的標準。如此一來，你就能夠在輕鬆愉快的狀態下成就最好的自己，並獲得因而得來的金錢、尊重、信譽、支持和愛。選擇成為很棒的自己，而不是堅守一個讓自我批判不停運作的誓約。以下是幫助你找出並放下追求完美的敲打練習。

練習：辨識追求完美的感受

請回想過去的某個時刻，那時你明明做得不錯（甚至在別人眼裡已經很出色），但你卻仍然反覆檢討自己，認為本來應該做得更好，甚至更完美。你大概已經想起過往的某件事了。當你在回頭看時，腦海裡往往會冒出以下念頭：

- 我應該更努力。
- 我應該做得更好。
- 我應該更聰明。
- 我應該準備得更充分。
- 我應該看起來更有自信。

這些念頭都是你內心自我批判的訊號，它總在提醒你：不論你做什麼，永遠都不夠好。想想是什麼情境觸發了這些念頭，然後大聲說：「我本來應該（我本來可以）做得更好！」接著以 1 ～ 10 來評估你覺得這句話有多真實。

接下來，我們要進行幾回敲打練習，幫助你清理追求完美的誓約。請在第一回中，盡量說出內心對自我批判的真實感受。請記住，你的目標是減輕這種感受，並將它排除在你的能量系統之外。

敲打練習：放下追求完美的誓約（1）

請依序輕敲各個穴位，同時說出以下的句子：

我猜那時候的我做得還可以 *** 但不是我最好的表現 *** 還不是最好的 *** 我應該做得更好 *** 應該，應該，應該做得更好 *** 我說得沒錯 *** 我一直都是對的 *** 我可以做得更好 *** 我可以也應該做得更好 *** 只要更努力一點 *** 更聰明一點 *** 做更多一點準備 *** 更有自信一點 *** 我現在應該已經做到了 *** 我應該已經做到完美 *** 現在卻還是不完美 *** 我應該做得更好 *** 我應該要求自己做到。

現在已經太遲了 *** 每個人都看到我的缺陷，知道我不是最好的 *** 我沒有辦法接受這一點 *** 我應該做得更好 *** 事實就是如此 *** 我沒有犯錯的空間 *** 不應該同情自己 *** 我應該被指責 *** 因為我不夠好 *** 我對自己有很高的標準 *** 而且為此感到驕傲 *** 我為什麼要改變？ *** 我不想變成一個怠惰懶散的人！ *** 內心的自我批判對我非常有益。

請先深吸一口氣，然後再次回想那個過去的時刻，並且大聲說「我本來應該做得更好」或「我本來應該要完美」。接著，留意這些話在此刻帶給你的感受有多強烈。當然，你的確可能做得更好，因為總有無數的方式可以改進。然而真正的問題在於，你現在是否能以更客觀的角度看待自己的實際表現，而不是被一連串「我不夠好」和「我應該更好」的念頭壓垮。

這個誓約可能需要進行更多次敲打法才能打破，因為它並不是單純的情緒感受，而是長期運作的思維模式，會令人覺得既真實又理所當然。這正是你內心追求卓越、精湛和高標準的黑暗面。當這份追求失去平衡時，就會變成不斷尋找錯誤與缺點的眼睛，以及不停自我批判的聲音。這種內在的自我對話往往帶有正義感和自豪感，使得它更難被清理。

所以，如果你的內心仍然出現「你說的沒錯，但是⋯⋯本來應該可以做得更好」的聲音，請再重複幾次敲打練習。重複的次數越多，越會感覺到自己對「完美」的看法有所改變，不再那麼僵化，並且開始欣賞自己實際的成果。經過第一回的敲打法之後，你可能會在再次回想時，突然肯定自己完成和學到的事。現在，再看一次那段經歷，對自己說：「我真的做得很棒！」當你能真心說出這句話時，代表你的心態已經轉變，開始相信「當下就能接受並值得擁有」，而不再認為非得達到完美之後才有資格。

當你再次回顧時，你是否充滿熱情，想要變得更好，更加努力，取

得更大的成就？如果這股熱情出自「我很棒，而且我選擇持續提升到更高層次，而不是永遠覺得自己不夠好」的心態，那就太好了！你應該相信自己現在就值得獲得回報、認可和肯定。這樣的心態會為你接下來想要做的事帶來能量、熱情和自我價值。相反地，若是另一種心態，就等於大聲地告訴自己「我還不夠格」，並且會為你接下來想要做的事帶來批評、恐懼和自我責怪。你覺得哪一個聽起來更好呢？

我希望你能真正體會「追求完美」與「盡力而為」之間的差別，並且選擇後者。如果你還無法做到，請再次進行敲打法，直到你的想法有所轉變。要知道，「追求完美」和「你允許自己接受的事物」之間存在著連結。當你打破這個誓約，同時也是在宣告自己值得獲得什麼。當上一回敲打練習的感受程度降低之後，請接著進行正面的敲打練習，讓自己成為熱愛追求卓越與精湛的人，也明白自己現在就值得擁有豐厚的回報。同時，你也接受完美是永遠都在改變的目標。接下來的敲打練習，將協助你進一步強化正面能量。

正面的敲打練習：放下追求完美的誓約（2）

請依序輕敲各個穴位，同時說出以下的句子：

那就是那時的我 *** 我覺得自己那時候做得不錯 *** 我做得比大多數人都好 *** 是的，還是有可以改進的地方 *** 我也喜歡做最

棒的自己 *** 但我從來沒有真正讓自己 *** 在做得很棒時歡呼慶祝 *** 我總是輕描淡寫 *** 為什麼我要慶祝？ *** 等我做到完美時再說吧 *** 哇，我對自己真的很嚴格 *** 因為沒有做到完美 *** 所以我只是一直卡在追求完美的路上 *** 永遠無法慶祝歡呼 *** 永遠得不到成就感 *** 並允許自己得到回報 *** 我現在要肯定自己。

其實那時候的我已經盡力做到最好 *** 我其實做得很棒 *** 我現在要讓自己接受這份禮物 *** 並發自內心肯定我有資格 *** 我完全肯定自己長久以來都盡力而為 *** 我一直都有資格 *** 我現在要肯定我的價值 *** 即使在我還沒有去做下一件事或達成下一個目標之前 *** 我現在就有資格 *** 我要向自己的價值敞開心扉 *** 我當然有資格 *** 我有資格得到愛、金錢、關注 *** 值得財富與安全感。

我有資格被視為一位專家 *** 我值得享受做最棒的自己 *** 因為這是一件有趣的事 *** 我現在要原諒並放下那個追求完美的自己 *** 我為此已經付出了太多代價 *** 我現在願意療癒它 *** 這樣才能真正享受成為最棒的自己 *** 努力達到我選擇的高標準 *** 享受精通與成就的快樂 *** 這是我選擇的方式 *** 我有資格肯定這一點 *** 我為自己感到驕傲，也為現在應得的一切感到驕傲。

請做一次深呼吸，留意自己在完成這一回敲打練習之後的感受。很多人會體驗到一種強烈的自由與振奮，渴望去創造與行動。真正擺脫追求完美的誓約是一份禮物，它能讓你的創造力盡情綻放！當你渴望把事情做到卓越，純粹是出於想要精進自己，而不再是追求完美時，你的

活力與專注力將會大幅提升。

　　有時候人們也會激動地落淚，特別是在打破「永遠不夠好」的信念之後。如果你感受到強烈的情緒或淚如雨下，那是一件好事，只要持續進行敲打法，強度就會逐漸減弱，最後轉化為對創造與接受更多回報的期待。我曾聽過無數人分享，在完成這個練習之後，他們的同事、上司和客戶忽然開始尊重、欣賞與肯定他們的卓越表現。

　　我把這種出乎意料的變化視為一面鏡子，映照出你開始在新的層次上尊重、欣賞並肯定自己的卓越。請記住，你並不是唯一被追求完美的誓約束縛的人。現在，你可以和成千上萬已經跨過阻礙的人，一起開始行動與創造，自由、快樂地去開創美好人生。這種感覺遠比等待那永遠不會到來的完美好太多了，因為你不再拖延，反而能挑戰自己，做出大膽的行動，並開始創造驚人的財富。

第十四章

破除「讓自己隱形」的誓約

　　還有另一種相當常見的誓約，會讓你在追求新目標的路上止步不前。這個誓約阻礙了無數人，讓他們不敢採取更大膽、更具突破性的行動，而這些行動正是創造更多收入與財富不可或缺的。它同樣會引發內心衝突，使你難以真正肯定自己的價值，難以用更高的價格提供服務，或是難以設下健康的界線，特別是在自我行銷的時候。你沒有展現出自己所有獨特的特質，反而立下誓約要讓真實的自己「隱形」，把自己隱藏起來，在全世界面前展現出另一個人格：一個更得體的、更被接受的、更謙遜的、更自我犧牲的人。你發誓要成為那個家人、父母、老師、朋友告訴你該成為的人，或者是他們需要你成為的人。

　　有時候，你可能會因為自身的安全受到威脅，而立下這個「讓自己隱形」的誓約。你學會了只要讓自己變得「隱形」，就會覺得更有安全感，你認為只要保持低調，也許就能避開讓你感到恐懼的人。有些人立下這個誓約，則是因為他們認為一旦展現出真實的渴望、感受或才能，可能會招致批評或負面評價，帶來情感或心理層面的傷害，因此做一個不太引人注目、不會以負面方式被注意到的人，看似是一種更安全

的選擇。展現一個低調的形象能夠減少他人對你的關注,所以你發誓要讓自己盡可能地「隱形」。

無論這最初是從哪裡開始的,只要你嘗試邁向更高層次的行動、自信與能見度,以追求更大的目標,就會觸發這個誓約。當面對新的挑戰與機會時,你會突然感到極度不自在,並且會以兩種方式表現出來。首先,當你開始(甚至只是想要)採取更高層次的行動,而這意味著你會變得更顯眼時,內心就會產生強烈的恐懼與焦慮。再來,當你開始(甚至只是想像)用自信的語氣談論自己、自我價值與目標時,就會覺得「我是不是太傲慢了」,進而感到羞愧。

這些糟糕的感受會讓你無法採取行動,因為它們的存在目的就是如此。自律神經系統的反應是相當強大的阻力,會讓你受制於「要保持渺小、隱形、不能太顯眼」的誓約。這些反應會形成某種惰性與拖延,如果你不了解它們如何運作,就很難真正克服。這就是為什麼必須清楚地覺察是否立下過這個誓約,好讓你能運用敲打法將它徹底清理。想要實現遠大目標就取決於此!當你處理過這個誓約之後,你的行動力與勇氣會大幅提升,敢於邁出更大膽的步伐。

同樣重要的是,你必須意識到這個誓約正在影響你的生活與行為。舉例來說,「讓自己隱形」的誓約使你無法為自己發聲,也無法真心肯定自身的價值。相反地,你可能經常貶低自己,輕描淡寫帶過別人的讚美,並把焦點從自己轉移到他人身上。這個誓約甚至會讓最有才華的人因為害怕公開演講,而不敢在更大的舞臺上展現自己。雖然我同

意謙虛確實比自大更討喜，但如果只因為被誓約束縛，你在任何場合都必須刻意縮小自己的優勢與成就，那就會帶來負面影響。當然，大家有可能認為你是個友善、謙虛、腳踏實地的好人，但你不會被視為行業中的領導者，或是在關鍵時刻被倚重的對象。

當你在潛意識裡立下「讓自己隱形」的誓約時，別人在機會來臨時就會忽視甚至遺忘你。他們會把你當作不存在的人。某種程度上，你確實如此，因為在這個世界裡，那些敢於發聲、讓自己被看見的人，往往能得到更多。「讓自己隱形」的誓約深刻影響了你向他人展現自我的方式，因為它反映出你的自信或缺乏自信。當你不願意透過言語或行動去表達自己的價值，別人就會覺得你對自己的價值沒有信心，無論是作為一個人，還是作為公司或潛在客戶的資產。當你不願意展現獨特的才能，別人自然會以為你沒有那些才能。這就是為什麼這個誓約不能與你設定的新目標共存。「讓自己隱形」的誓約會抵消掉你所有的渴望與努力，讓你無法真正達成目標。

你是否已立下「讓自己隱形」的誓約

你覺得自己被忽略或被無視嗎？你可能還不清楚「讓自己隱形」的誓約是否正在潛意識裡運作。現在就來看看它是否在不知不覺中影響著你的生活。請進行以下的練習：

練習：覺察「讓自己隱形」的誓約

請先深呼吸，然後閉上眼睛，想像自己穿著得體，站在一個至少有三十個人的房間前面，其中大多數人對你的收入或晉升有一定的關係或決定權。

如果你在公司任職，請想像房間裡的人包括你的老闆、主管、同事、和工作有關的人，以及會影響你薪水高低、加薪與否的人。

如果你是自由工作者或小型企業主，請想像房間裡都是你的目標客群、理想客戶，或是能為你提供好機會的人。

當你站在他們面前，想像自己說：「我在自己的專業上表現出色。我就是這個領域的明星。我絕對值得獲得優渥的報酬。」

光是想像自己說出這些話，是不是已經瞬間讓你覺得既尷尬又難受？這是相當常見的反應。我曾經帶領過上千人進行這個練習，大部分人都會被深深觸動，因為我們或多或少都曾立下「讓自己隱形」的誓約。然而，這麼做會埋沒你真實的自我、你獨特的天賦和才華，進而使你：

◆ 讓自己變成你認為更可以融入人群的人。

◆ 讓自己變成他人希望你成為的樣子。

◆ 讓自己極力迎合別人，讓每一個人都開心。

◆ 讓自己保持低調，因為你相信這樣會更討人喜歡。

大家做完這個測試的反應大多是：「天啊，快讓我離開這裡，我要離開這個房間。」也有人說：「我感覺自己像是跌坐到地板上，羞於見人地縮成一團，根本無法繼續下去。這個練習太可怕也太令人尷尬了。」你的反應呢？你是否能夠自在地在那個房間裡告訴大家自己有多棒？請仔細思考你的反應。如果感受到任何負面的東西，我們很快就會進行敲打練習，清理這個誓約所觸發的強烈感受與反應。因為它會影響你的收入，是時候終結這一切了！

如果你無法堅定地站在那裡，自信地向聽眾暢言自己的寶貴價值，並要求獲得與之相符的報酬，那麼你可能已經立下了「讓自己隱形」的誓約。你可能會說這只是害羞，或者是出於從小的教養方式，所以認為應該謙虛，不要太張揚，這樣大家才會更喜歡你。然而如果這種行為是出於「讓自己隱形」的誓約時，就會成為你職涯發展的最大阻礙，不僅難以突破，還會讓你缺乏自信心。

我的客戶麥可就是最好的例子。這個誓言對他的生活造成相當大的影響，幸好他最後有所頓悟。麥可在一家大公司任職，升遷的機會並不少，但每當有好職位出現時，他總是不在名單上。多年來，他專注於照顧家庭，努力讓家人的生活更好。麥可做這份工作只是為了領薪水，他很清楚自己沒有發揮全部的實力。然而，他始終沒有採取行動去爭取更高、更合適、更能帶來滿足的職位，因為他不想冒著失去現有工作的風險打破現狀。於是，他只是專注做他認為應該做的事，並壓抑對工作的不滿。

麥可年輕時，他的父親就教導他責任感的重要性。在他父親的定義裡，責任感意味著「做別人期待你去做的事、保持低調、不惹惱別人、不要求太多，對自己擁有的心懷感激」。麥可求學時努力學習，盡力符合老師的期望；在雙方父母的祝福下，他娶了大學時期的女友。他找到一份體面的工作，雖然不具挑戰性，但足以支付房租，還能讓家人有些額外的生活享受。然而他心裡常忍不住想：「我的人生就只能這樣嗎？每天上班做著乏味的工作，當個好丈夫、好父親？」他深愛家人，但也覺得人生裡沒有任何東西是真正只屬於他的。

當我們交談時，麥可想要「讓自己隱形」的誓約逐漸浮現。他總是選擇別人認為「合宜」的事，或者遵循所謂「應該」走的路，絕不讓自己出類拔萃。他一直處在「生存模式」，賺取足夠的錢來養家，卻沒有任何讓他感到滿足的事。他把時間都花在工作和為家人付出，從來沒有關注過自己真正的渴望。身為一家之主，他相信自己「應該」扛起賺錢養家的責任。出於責任感與「讓自己隱形」的誓約，麥可的人生選擇多半由他人決定，而非依循自己的熱情、喜悅或自由。

麥可覺得自己就像活在一個框架裡，若是生活中有任何事情跳脫了這個框架，就會讓他感到不安。為自己發聲或主動爭取一份更有挑戰性的工作不符合框架；想要嘗試自己熱愛的事物也不符合框架；在這個框架裡生活既僵化又制式。我問麥可是否快樂時，他笑著說不知道如何定義快樂，因為自己早就把享受人生拋在腦後，只顧著「做對的事」，就像他父親一樣。麥可其實很想突破這個框架，他想賺更多錢，也想

過更有熱情、更自由的生活。他希望從事既能運用智慧、發揮才華，又能賺錢的工作。

然而麥可的同事根本不知道他真正的能力，因為就算曾經協助別人完成專案，他也從不居功。但是麥可其實對自己從未得到升遷機會感到相當不滿。麥可非常聰明，能力也比公司裡多數的資深員工還要好，但這一點只有他自己知道，因為他一直遵從父親的教導：要謙虛，要成就同事，不要太引人注目。他覺得自己被困在框架裡。當麥可意識到這個框架其實是「讓自己隱形」的誓約所建構出來的，他大感震驚。麥可原本以為人生就是這樣，但其實不然。

我們都有自己的框架、保護罩與假面，來防止別人看清我們的真實面貌。如果你不確定向他人展現自己的優點後會得到什麼樣的反應，那種不確定感會讓你選擇保持沉默。有些人將「讓自己隱形」的誓約視為低調，但其實這只是刻意選擇躲避人們的視線而已。然而，機會總是更容易降臨在那些願意讓自己被看見的人身上。麥可擁有晉升到更好職位、追求內心最深切渴望的能力，但這些能力多年來都被隱形框架所制約，即使他已經意識到自己的狀況，卻不知道該如何突破。

麥可深刻感受到這個誓約帶來的限制，也意識到自己並不喜歡這種狀態，於是開始透過敲打法來突破框架。當你發現自己在那間想像的房間裡，內心充滿恐懼與焦慮時，你會看見自己其實是被灌輸了某種觀念，導致你認為站在眾人面前展現自己是不恰當或可怕的事。這樣的觀念無疑會削弱你的能力，阻礙你獲取渴望且應得的財富。如果你對

這個誓約有任何共鳴，請進行以下的敲打練習，並在適合的時候加入你自己的語句。當你輕敲各個穴位時，請再次把自己帶回到前面練習中的畫面。敲打練習中使用的是我最常聽到的內容。

敲打練習：覺察「讓自己隱形」的誓約

我的天啊，這太嚇人了 *** 我得趕快離開這個房間 *** 太恐怖了 *** 我現在覺得非常脆弱 *** 我只想消失 *** 我感受到那個「讓自己隱形」的誓約叫我要保持低調 *** 我沒辦法說出「我的工作表現非常棒」 *** 我無法大聲說出來。

我只是個普通人 *** 那才是我想告訴大家的 *** 因為我能看出來 *** 他們都在評判我 *** 他們用懷疑的眼光看著我 *** 他們對我說的話感到震驚甚至被冒犯 *** 他們肯定在品頭論足 *** 懷疑我到底夠不夠資格 *** 「他以為他是誰？」 *** 我真的好想逃走，然後躲起來 *** 我不想要這麼脆弱 *** 我現在覺得自己很脆弱 *** 這真的太可怕了 *** 我永遠都不會說出那樣的話 *** 那是不對的。

我有自己的原則 *** 那麼做根本不恰當 *** 我曾發誓永遠不招搖顯眼 *** 永遠不要引起注目 *** 我相信自己擁有很棒的天賦和獨特的能力 *** 但我不想說出來 *** 我不想讓別人知道這件事 *** 他們會批評我 *** 排擠我 *** 他們會懷疑我的能力 *** 這一切都太可怕了 *** 我感受到內心那個「讓自己隱形」的想法 *** 因為我現在只想消失。

請先做一次深呼吸。再次想像那個畫面，在你完成這一回敲打練習後，你對它的感受應該已經不再強烈。接著，再看看房間裡的那群人，他們的神情往往也會隨之轉變，不再那麼嚴厲，而是更開放、更願意接納你。

如果這個想像畫面仍然讓你有非常強烈的感受，或是你仍舊想逃離那個房間，也不用擔心。只需要再多進行幾次敲打練習，每做一次，都會逐漸降低你對這個狀態的「戰或逃」反應。只要進行越多次，你的內心就會越平靜。

進行上面的敲打練習時，你的身體可能會出現各種不同的反應，甚至感到某部分的自己彷彿正在離去。這是因為誓約存在已久，要破除它可能會讓你產生複雜的感受。剛開始你可能會感到非常不自在，然而當你放下它，你將會感受到驚人的身體能量。持續進行敲打練習，可以幫助你真正放下。慢慢地，你會意識到自己是獨一無二的，而且很擅長自己在做的事情。當你不再受到那些框架的束縛，你就能造福周圍的人。

如果你無法放下這個誓約，別人永遠不會知道你有多麼特別。如果你無法以真實的天賦發光發熱，那你的所得就會遠遠低於你理應得到的，因為市場有一條不成文的規則：「你的收入取決於你賦予自己的價值，以及有多少人看見並認同這個價值。」所以，你必須勇敢展現自己獨特的才能。當你透過第一回的敲打練習恢復平靜之後，請接著進行正面的敲打練習，為創造財富做好準備。

正面的敲打練習：讓你的光芒閃耀

請輕敲手刀部位，同時大聲說出以下的句子：

　　我現在真切感受到自己立下了「讓自己隱形」的誓約，這讓我很害怕，但我知道自己為什麼會如此。我完全肯定自己現在的感受。

　　即使這整個想法觸動了我，我也知道這些觀念來自我的家庭，但現在我要肯定自己的獨特性。我是獨一無二的，而且非常擅長自己在做的事情。

　　雖然我仍然感到恐懼和脆弱，但我熱愛展現自己的天賦，而且想要把它貢獻給全世界。我全心投入也樂於分享。我要肯定這一點。

請依序輕敲各個穴位，同時說出以下的句子或你自己的話：

　　我喜歡現在的自己 *** 我受過的訓練、我的智慧、我獨特的天賦 *** 我在工作中傾注的獨特價值 *** 這個世界真的需要這樣的我 *** 我花了很多時間去壓抑它 *** 隱藏它 *** 讓自己變得隱形 *** 我花了很多時間想要變成別人 *** 我肯定這一切 *** 但我也要發自內心肯定自己的獨特 *** 我現在非常喜歡談論自己的工作。

　　我傾注了所有的心力與熱情 *** 我真的很想和更多人分享 *** 更多更多人 *** 我完全有資格去接受 *** 接受因為付出所獲得的回報 *** 我擁有無比的價值 *** 所以我選擇站在這裡，閃耀著我獨特的光芒 *** 敞開我的心，讓每一個人都看見 *** 我完全肯定自己的

> 才華 *** 我是一顆閃耀的星星 *** 我願意讓其他人也閃耀 *** 完全展現出他們的光芒 *** 因為我選擇完全展現自己的光芒。
>
> 　當我讓自己的光芒閃耀 *** 整個宇宙都會有所回應 *** 我將從我的行動 *** 收到等值的金錢與財富 *** 收到讚美與支持 *** 收到我所渴望的一切 *** 我不再讓自己隱形。

　請做一次深呼吸。再次想像你站在那個房間的畫面，留意自己說出正面的話語之後，畫面中的你看起來有什麼改變。許多人會說：「哇，我看起來在發光，好像被白色光芒包圍著。而且大家看起來很開心，甚至被鼓舞了。」這可能是你第一次感受到讓世界知道你有多棒的那份力量，而且是出於真誠與對自我的肯定，而非自大。事實上，當你盡情發光發熱並且肯定自己的價值，你同時也會鼓勵周圍的人這麼做。這份力量會深刻影響所有和你接觸的人，讓他們受益。它能帶來啟發、激勵，甚至令人著迷。最重要的是，你真的可以成為這樣的人！

　下次當你需要推銷自己、提出加薪，或只是單純想要以真誠的方式讓他人知道你相信自己的價值與才能，並希望和這個世界分享時，請進行這一回的敲打法，然後靜待一切發生。當你能以真實且充滿力量的狀態去表達自己，人們會更容易注意到你、記住你，想和你待在一起，並看見你在專業領域中是個有自信的領導者。有些人會願意支付你應得的報酬，有些人則會想加入你，幫助你實現目標。你可以吸引到粉

絲、支持者、信徒，甚至是投資人！

你也可以透過敲打法來提升能量，破除惰性和拖延。想要達成你的遠大目標，就必須跨出舒適圈，而這過程會變得令人興奮，不再使你畏縮。現在就讓你的言行舉止像一個能夠設定、值得擁有、積極追求並達成遠大目標的人。這樣的人不會小看自己，也不會「讓自己隱形」，而是渴望別人看見自己正在實現遠大目標的路上！

第十五章

允許自己接受

　　你是否傾向自己想辦法完成所有事？不依靠任何人對你來說是否非常重要？你是否寧願凡事自己來，並承擔一切責任，即使失敗也不願開口求助？在人生的某個時刻，你下定決心從此只能靠自己，並且發誓絕對不依賴任何人。這是一個很常見的誓約，但可能很難破除，因為它通常是你小時候出於不得已而立下，並且在長大成人後不斷被強化。當你閱讀以下句子時，是否對其中幾句產生共鳴？你是否曾立下誓言：

- 絕不展現脆弱的一面。
- 絕不會有自己無法處理的需求。
- 絕不開口要求自己想要的東西。
- 絕不依賴任何人。
- 絕不觸碰自己最深層的需求。

　　你可能會想：「沒錯，我就是這樣，而且我覺得很合理！」立下絕不表現脆弱或絕不表達需求的誓約，看起來完全說得通。對你來說，

表現脆弱可能會受傷，表達需求則可能會失望。你可能也把這些行為與「成為受害者」和「愛依賴別人」畫上等號，而你絕不想成為那樣的人。說到底，不是應該保護自己嗎？照顧好自己的需求似乎更安全，還能確保完成所有該做的事。如此一來就不必拜託別人幫忙，也不會在他人無法幫忙時陷入困境。這個誓約常常被視為明智之舉，是對自己最有利且完全必要的方式。不依賴任何人，就能避免在別人讓你失望時感到被背叛。

斷絕後援

雖然這個誓約好像很實際，但它可能會阻礙你擁有更多錢以及更輕鬆的生活和事業。當你決定自己不需要任何人或這個世界給你任何東西，就等同於切斷提出請求和接受幫助的可能性。當你發誓絕不展現脆弱或尋求幫助，你也會變得防衛和封閉。在這樣的狀態下，你幾乎不可能接受任何東西。有趣的是，許多立下這個誓約的人經常說，他們真正想要的是得到金錢與他人的支持。他們絲毫沒有意識到，阻礙他們滿足這些需求的，正是自己曾經立下的誓約。

設立遠大的財務目標包含兩個部分，其一是工作或稱「行動」；其二是「接受」。大多數不擅長接受的人，在第一部分都做得非常好。但是你必須允許自己接受努力工作的回報，包括金錢、認可與自在的生活。雖然從邏輯上來看，這似乎是每個人都樂於接受的部分，然而如

果你曾發誓絕不接受別人給予的任何東西，就會和「接受」產生衝突。這會讓你難以接受別人的表揚、認可、稱讚和關注。你是這樣的人嗎？你是否曾說過「我不是為了得到認可才做這件事」或「我不需要任何讚美」？其實這意味著，你做事只是為了把事情完成，而非為了得到回報。只是如果你真的想要更多錢，就需要同時為了兩者而做事。你必須承認這個事實，同時做好準備並樂於接受。

　　那些願意坦然請求並接受幫助的人相當明白，想要更快速達成遠大的目標，需要他人的協助與合作。無論是由實際團隊提供協助，或是來自同儕的情感和心理支持，擁有支持系統能讓你盡情發揮才能，完成更偉大的成就。當你知道光靠自己無法達成目標，但又不明白該怎麼做時，你可能會感到難過、沮喪，甚至嫉妒那些有後援的人。那麼，你如何覺察自己是否受到這個誓約影響呢？請進行下面的練習。先做一次深呼吸，讓全身放輕鬆。

=========== **練習：你是否樂於接受？** ===========

　　請回想你還是小孩的時候，你的父母在多大程度上滿足了你的情感需求？他們是否對你細心照護、充滿愛心並處處關愛？他們是否允許你依靠他們？還是他們在情感上經常缺席，甚至常常批評你？現在，請想像自己是個小孩，正在向父母尋求更多的關注、更多的愛，或是一個擁抱。請在你的腦海中播放上述畫面。發生了什麼事？你的父母是否願意並且能夠滿足你的需求？如果答案是否定的，你

出現了什麼樣的反應呢？你能看見自己為什麼發誓永遠不再提出要求，甚至不再有提出要求的衝動嗎？

即使這些回憶令人痛苦，請盡量讓所有念頭自然浮現。因為你回想起的細節越多，就越能清理這些負面情緒。

通常這些痛苦的回憶，就是導致你發誓絕不表達自己真正需求的起點。你能夠自在地尋求或給予愛、關懷、體貼和照護嗎？還是你壓抑了這些需求，因為你從小就知道自己的父母和其他人無法或不願意滿足它們？有些人只記得就算自己要求也沒有用，於是再也不向父母提出任何要求，只把父母當成照顧自己的人，然後選擇獨自面對人生。

假如你的父母或照顧者沒有能力、沒有意願，或無法滿足你真正的需求，往往會使你切斷依賴他們的本能，甚至封閉自己最真實的需求與渴望。你學會了將自己的真實感受和需求交由大腦判斷，只留下適當的、可能被滿足的、不會「過度依賴」的，其他不符合這些條件的，都會被拋在一旁。

同樣地，絕不展現脆弱的一面，也絕不表達感受和最深層的需求，看似是保護自己免於痛苦和失望的好方法。你立下這些誓約，因為你相信它們讓你更堅強、更有安全感。它們也讓你對任何需要幫助的事情說「不」，並且促使你下定決心要照顧好自己：「我可以靠我的頭腦，我可以靠我的力量，我可以靠自己把事情做好。」

以下是凱西的例子。凱西在一家社服機構擔任行政管理工作，她非常勤奮努力，也在事業上擁有不小的成就。然而她經常感到疲憊不堪、身心倦怠，甚至經常因為擔心工作而失眠。當一名同事離職後，她自己扛起了兩個人的工作量，也因此筋疲力盡。她說自己渴望找到可以共度一生的伴侶，並且一起去度假。但是這對凱西來說非常困難，因為她忙於工作，根本沒有時間約會，而且光是想到約會就讓她全身戒備，因為前幾次嘗試都以失敗收場。她安慰自己：「反正我從來沒機會使用年假，我總是在為同事代班，根本沒有時間休假。」

凱西無法理解為什麼事情會變成這樣，甚至對下屬心生怨恨，因為對方每年都會把年假用完。相比之下，凱西為工作做了許多犧牲，卻沒有獲得相應的回報。她甚至對同一間辦公室的一位女同事特別不滿。那位女同事總是一副楚楚可憐的模樣，卻很敢要求加薪和升職，最後也都如願以償。凱西還不屑地指出，那位女同事的丈夫老是需要出手照顧她，幫她處理事情。我對凱西直言，她對那位女同事的批評和指責，都是因為那位女同事擁有凱西最渴望的一切。

凱西的批判與挫敗，來自於她無法和那位女同事一樣，允許自己要求與接受。我帶領凱西進行了敲打法，她向我透露，自己的父母完全不管她，從小就常把她單獨丟在家裡，甚至沒有準備任何食物。凱西記得從五歲開始，就知道自己必須照顧自己，因為沒有人會照顧她，她必須咬緊牙關，堅強地活下去。在我們進行敲打法時，凱西感受到巨大的悲傷，想起那些不曾被滿足的需求，以及小小年紀就必須堅強地保

護自己，她流下了許多眼淚。隨著敲打法持續進行，凱西得到了療癒。

　　凱西開始利用每天為自己做一些小事來滿足自己的需求，用她希望被對待的方式來愛自己。她開始使用過去沒時間休的年假，並且聘請新的員工，讓自己的工作量減半。她開玩笑地說：「我變成了一個懶惰鬼，而且樂在其中！」隨著凱西允許自己感受內心真正的渴望，並且讓自己好好享受，她的生活發生了巨大轉變。在六個月內，嶄新的人生態度為她吸引到樂於照顧她的男性，她在工作上也得到了新的機會。

　　有時候，這些誓約可能是透過家庭教育形成的。父母可能會教導兒子學會照顧自己，長大後還要照顧女性，所以尋求幫助可能會被視為軟弱的行為，努力工作和吃苦耐勞才是堅強的表現，如果想要「像個男人」獨立自主，就必須什麼事情都靠自己。另一方面，許多女性從小就被教導必須取悅他人，而不是關心自己和自己的需求，因為「施比受更為有福」，這也間接導致了誓約的形成。無論這個誓約從何而來，堅決不依賴任何人會阻礙你接受你想要也應得的一切，包括財富，即使你在意識層面非常希望得到它。

　　請進行前述的練習，並且仔細回想，幫助你判斷自己是否曾在生命中的某個時刻，下定決心絕不尋求幫助，也絕不感受內心最深層的需求。當我與客戶或參與工作坊的學員討論這個主題時，人們經常會提到「憂鬱」這個詞。這其實並不令人意外。撇開臨床診斷不談，人們往往會無意識地壓抑自己內心最深層的感受，例如憤怒、悲傷、熱情、甚至是對生活的熱忱。

現在，請誠實面對自己。你是否曾經壓抑某些自然產生的感受與渴望？請記住，你壓抑的不是被社會大眾認可的渴望，例如求知欲、追求成就或超越自我，而是你認為最自私、最不可接受、最令人難堪的渴望，或是那些會讓你感到脆弱的需求。當你釋放所有被壓抑的感受與渴望時，你就會得到自由，能夠全力改善財務狀況，同時在生活與人際關係中獲得更多回報與喜悅。

允許自己開口要求

「我為什麼不能更有錢？」當你猶豫不決，或乾脆拒絕去要求自己想要的東西時，就更難真正得到它。從現在開始，嘗試去開口要求你真正想要的一切。從吸引力法則的角度來看，當你不允許自己有需求時，其實是在對宇宙傳達：「我不需要任何人給我任何東西。我不需要因為付出而得到回報。我願意努力工作、保持堅強，不停付出、不停工作，但我不習慣接受任何回報。」如果你想要開始接受，就必須敞開心扉，並且願意去要求。這就是為什麼如果希望有效運用吸引力法則，第一步就是開口去要求自己真正想要的一切。如果你曾立下任何誓約阻礙你滿足自身需求，哪怕只是最輕微的，你都必須去清理它。

接下來，我們要針對讓你發誓不再依賴任何人的某段回憶進行敲打法，我會使用大多數人在敲打練習中向我分享的話語和情緒來進行。請你跟著一起做，並視情況將練習的句子替換成更符合你當下狀況的語

句。這段回憶畫面非常重要，需要你耐心覺察。這是一個非常難以承認與打破的誓約，因為它常常出於「自我保護」的理由而形成。那些理由分析起來可能仍然合理，並且似乎仍是明智的方法，所以請做好過程中出現抗拒的心理準備。

敲打練習：清理不依賴任何人的誓約

請依序輕敲各個穴位，同時說出以下的句子：

那就是我 *** 我看見了一切 *** 我發誓要變得堅強 *** 不開口要求 *** 不去感受我擁有的能量 *** 無論我多麼渴望 *** 無論我多想得到愛 *** 我想被珍惜 *** 我想被看見 *** 我曾經如此渴望擁有，但我必須壓抑這一切。

那不安全 *** 很危險 *** 會帶來痛苦 *** 會遭受批評 *** 所以我學會不去感受最深層的需求 *** 不去感受自己真正的渴望 *** 我拒絕了，然後專注在其他事情上 *** 我用我的頭腦 *** 用我的堅強 *** 用我的愛 *** 一再付出、一再努力 *** 卻什麼也沒有得到 *** 所以我學會不再開口要求 *** 事實證明，這只會帶來更多痛苦。

要求只會帶來危險 *** 要求只會帶來失望 *** 這個畫面帶來了無限的悲傷 *** 還有深深的憤怒 *** 我多麼渴望被看見 *** 我多麼渴望被愛 *** 但是他們從來不曾給過我 *** 他們無法用我想要的方式給我這些 *** 所以我學會不再開口要求 *** 從此，我就不懂得如何接受。

請慢慢地做一次深呼吸，然後再次回顧那個畫面。如果這一回的敲打練習對你產生強烈的衝擊，引發許多情緒或悲傷，請多進行幾次練習，直到感受不再那麼強烈。清理這個誓約所帶來的情緒和信念非常重要，它會決定你是否樂於接受來自宇宙的各種關愛與滋養，包括金錢與財富。當你進行幾次敲打法之後，對於那個畫面所引發的感受應該會比較和緩。你可能會在過程中得到體悟，幫助你進行接下來的敲打練習。請再次回顧那個畫面，看著畫面中年幼的你，回答下列問題：

- 當時你最深層的需求是什麼？你真正渴望的是什麼？
- 為了壓抑早期的渴望，你付出了什麼樣的代價？
- 雖然誓約可能是生存必須採取的方法，能夠保護或幫助你，但它對你的心靈和夢想造成了什麼傷害？
- 當你不得不壓抑最深層的需求與渴望，甚至關閉自己接受的能力時，你如何看待自己賺更多錢的可能性？

如果你能放下這一切，單純地請宇宙賜予你真正想要的東西，僅僅只是為了滿足擁有的渴望，會發生什麼事呢？你是否想要感受有錢人的快樂？那種因為錢所帶來的快感以及感官上的享樂？你想要感到輕鬆自在、無拘無束、時間自由、更少責任的生活嗎？如果你可以理直氣壯地去要求並擁有這一切，你會接受嗎？你必須在接受金錢與實現渴望上保持開放的心態。你可能多年來辛勤工作，財務上卻沒有任何實質的改

變。因為如果你不開口要求，就很難得到想要的。現在，請對自己說：「沒錯，我喜歡被獎賞！我渴望回報！我渴望感受到來自他人和宇宙的關愛、疼惜與讚賞，也渴望接受財富與我想要的東西。我可以開口要求這一切！」

　　一旦你清理了凡事只能靠自己的誓約之後，金錢就會更容易地流向你，因為你將擁有更多資源與支持。為了進一步扭轉這股能量，讓我們接著進行正面的敲打練習，幫助你真正敞開自己，開口要求並接受你真正想要的一切。

正面的敲打練習：敞開自己去接受

請輕敲手刀部位，同時大聲說出以下的句子：

　　當我發誓絕不依賴別人，絕不當弱者，也絕不去感受內心深處的需求時，這些誓約非常合理，我現在要肯定當時的自己。但是我看見這個誓約所造成的衝突，我人生中真正缺少的是接受，接受更多快樂、更多喜悅。我渴望金錢能帶來的快樂與喜悅。

　　即使我曾立下這個誓約，而且從未想過它竟然與金錢有關，我仍要真誠地面對，它確實在許多方面阻礙了我去接受金錢所代表的能量，包括回報、喜悅和滋養，以及金錢實際上能購買的一切。我願意敞開自己，放下這個過往的誓約，慢慢學習要求與接受。

> **請依序輕敲各個穴位，同時說出以下的句子：**
>
> 　　但我曾發誓絕不示弱 *** 我不確定自己是不是能夠拋開這個誓約 *** 我從不為了自己的需求和感受而抱怨 *** 也以此為傲 *** 我不確定能不能擺脫這一點 *** 但我願意敞開心扉 *** 一步一步慢慢地 *** 學習接受所有的喜悅與快樂 *** 接受所有我想要的獎勵 *** 其實我喜歡接受 *** 我喜歡賺很多錢 *** 我喜歡看著金錢累積 *** 能夠花錢真的很愉快 *** 沒有罪惡感地把錢花在自己身上，單純沉浸在愉悅與享受之中。
>
> 　　我願意邁開大步，肯定我所擁有的能力 *** 那股超越脆弱的力量 *** 那股能夠要求與接受我渴望的一切的力量 *** 我確實擁有那股力量 *** 我真的還需要擔心自己太脆弱嗎？ *** 我永遠都會是一個努力追求的人，但如果我同時也能接受並享受那些成果呢？ *** 我願意療癒這個誓約 *** 允許我的人生坦然地享受接受的喜悅。

　　現在，請先做一次深呼吸，留意這一回的敲打練習帶來的感受。你的潛意識可能需要一點時間來消化這個過程，好讓你有更深入的覺察，並透過敲打法來療癒，直到你對那個誓約的情緒感受趨於平靜為止。這是相當難打破的誓約，因為你已經累積了太多的證據來證明那個「永遠不要求、不展現脆弱、不回應自身感受」的誓約完全合情合理，簡直就是絕對的真理。你需要花比較長的時間來重新轉換你的思維與行為

模式，讓自己用開放的心態來面對。這就是為什麼在這一回的敲打練習中，我提到要「一步一步」打開接受的能力。

你可能需要重複進行這一章的敲打練習，才能徹底清理過往的誓約。然而一旦清理之後，你往往只需付出更少的努力，就能敞開自己去接受更多的成果。在練習的過程中，請特別留意自己是否說出以下這些句子：

- 「我會自己處理。」
- 「我可以自己完成。」
- 「沒關係，我很堅強。」
- 「我不需要太多。」

每當你說出那樣的話，其實就是在封閉讓自己去接受的可能性。請記住，你仍然可以保持堅強、獨立和自給自足，但也可以讓自己的需求得到滿足。有時候你可以依賴值得信任的人，讓你的工作負擔可以減輕，讓自己更放鬆，或甚至偶爾崩潰一下，讓別人為你變得堅強。你可以獨立自主，同時也可以接受幫助！所以請再次深呼吸，肯定要求和接受帶給你的感受，並嘗試在生活中落實。讓自己從小事開始接受，你可能會看到朋友和家人露出驚訝的眼神，但這會是一種很棒的感受。隨著你逐漸敞開心扉，你的財富也會開始不斷增加！

第十六章

拒絕變有錢的真相

為什麼有人會拒絕變有錢呢？表面上，你大概會相信自己「超級想」變有錢！想像你突然賺到目前收入的兩倍或三倍，甚至成了百萬富翁。這樣不是棒嗎？不過你的潛意識卻未必這麼想！在這本書裡，我已經討論過許多潛意識拒絕讓你致富或超越財富設定值的原因。在你清除所有的阻礙之前，你的潛意識會拒絕讓你實現更高的收入和成功目標。請容我在這一章提醒你可能存在的其他阻礙，並幫助你尋找任何在潛意識中傳遞「我拒絕變有錢」的訊息。一旦清除了這些阻礙，你就能夠改善財務狀況。

和金錢有關的負面想法

潛意識占據了你大腦中百分之八十五的運作機制，主要目的是為了保護你的安全。因此，如果它認為有錢不安全，就會動用所有力量來「保護」你；如果它認為致富是危險的，就會讓你保持貧窮，無論你的收入、你真正的價值，甚至你的自我價值怎麼斷定。以下的練習將會顯

示潛意識在你身上的運作方式。為什麼你的潛意識會認為有錢不安全呢？這通常來自於過去的經驗和被灌輸的觀念。我們曾在第五章討論過，來自父母和家庭的早期觀念可能讓你認為貪婪與金錢都是邪惡的，並將有錢人視為墮落和罪惡的象徵，例如：

- 「有錢人很傲慢、不誠實，而且不在乎他人死活。」
- 「金錢會讓人墮落，即使是好人也一樣。」
- 「有錢人認為自己比別人厲害，而且有錢人也會遇到問題，你不會想遭遇那些問題。」

你小時候的宗教體驗，是否為你看待金錢的態度定下了基調？某些宗教會傳達富人都是貪婪、金錢至上的觀念，認為他們會為了錢去作奸犯科，所以永遠沒辦法上天堂。實際上，許多宗教領袖會放棄所有財富，藉由過著清貧的生活來達到更高層次的靈性修煉。天主教修女和修士也受到清貧和服務上帝的誓言約束。金錢至上的崇拜或利用他人當然不是正派的做法，但被灌輸的觀念可能會讓你的信念變得極端。我曾經聽過以下這些說法：

- 「你不能既有錢又有靈性。」
- 「金錢是虛假的偶像。有錢人只崇拜金錢至上。」
- 「快樂比有錢更重要！」

電視節目和電影經常將有錢人（無論是老闆還是企業主）塑造成專門利用他人賺錢的反派角色。他們看起來一副愚蠢、自我主義或令人作嘔的嘴臉。電影中的有錢人角色會為了達到自己的目標，不惜傷害別人，冷落家庭，或是踩著勤奮、誠實的人爬上事業或財富的巔峰。而身為觀眾的我們，無不激動地為他們最後終於垮臺或得到報應而歡呼。早期的一些電視節目尤其會把那些擁有金錢或權力的角色塑造成裝模作樣的傻瓜，或是冷漠、傲慢、刻薄、自私和只會玩弄特權的物質主義者。就像我小時候的影集《吉利根的島》（Gilligan's Island）中有一對霍威爾夫婦，他們自私自利、自大耍特權，自以為了不起卻完全搞不清楚狀況，簡直跟白痴沒兩樣，也因此顯得非常愚蠢又好笑。

你可能不會立刻把有錢和這些聯想在一起，但當你看到媒體報導有錢人欺壓收入低的人或犯罪時，這些負面的形象就會浮現。如果他們沒有受到報應或懲罰時，更是讓我們的負面情緒爆炸，例如貪腐的高層主管行跡敗露之後，竟然還過著奢華的生活，或是「被解僱」後依然拿到天價的遣散費。又或者是你看到像唐納・川普（Donald Trump）或芭黎絲・希爾頓（Paris Hilton）這類名人把錢花在金馬桶或幫狗買鑽石項鍊等奢侈品，而你卻連一輛便宜的車子或一次度假都負擔不起時，更是會加深負面情緒。

你的潛意識會記錄這些訊息，再加上你的父母對有錢的負面信念（儘管聽起來有點不可思議），都會讓你的大腦將變有錢與強烈的情感傷痛和失落連在一起。你可能會認為如果自己變有錢了，你的朋友和

家人會對你有不同的態度，可能變得懷疑、嫉妒、不自在或惡意相向，甚至看起來好像希望你有一天會跌落谷底。你的潛意識可以找出千百個理由，告訴你永遠都不應該變有錢，因為你最深層的生存本能可能認為拒絕變有錢會讓你更安全，生存得更好。這個想法甚至會忽視有些富有的慈善家也做了很多好事的事實。如果想要為自己打造新的財富現實，就需要改變潛意識裡的想法。

許多人在回顧童年時，會想到金錢在家庭中造成的各種問題，例如為了該花錢還是存錢引發的爭執、擔憂與壓力。請回想你在第五章所做的練習。當你還是孩子時，是否曾經夾在父母為錢爭吵的場景裡？在你成長過程中，是否曾因為擁有的比朋友多而感到格格不入甚至內疚？這些經歷可能早已在你的潛意識裡留下明確的訊息：金錢＝憤怒／衝突／內疚。

當金錢招來衝突的回憶時，你會想盡辦法逃避或擺脫它。另一方面，如果父母使用金錢（或金錢能買到的東西）來彌補他們無法提供的陪伴、關注或情感，或是你曾有過愛情和金錢糾纏不清的感情，你就很有可能對金錢產生各種奇特的反應，或是養成過度消費的習慣。

金錢陰影（1）

如果你想讓財富大幅增加，清理任何與財富相關的負面聯想並杜絕無意識損害財富和存款目標的習慣無比重要，即使你不認為自己有這些

問題。如果你認為自己很喜歡有錢人，也迫不及待想變有錢，還是可以試試這些敲打練習。很多人常常覺得這些問題與自己無關，但在經過敲打法之後，才驚訝地發現自己竟然被灌輸了很多觀念。

你可以藉由以下兩個我稱為「金錢陰影」的練習，找出深植於你內心的觀念，並了解它們帶給你的情緒強度。金錢陰影能反映出你對變有錢以及相關行為和態度的所有負面信念。在第一個練習中，你將看見自己的金錢陰影，覺察你的潛意識對財富的抗拒如何讓你遵循家庭對錢所抱持的態度。

========== 練習：解讀金錢陰影（1） ==========

請再次回顧你在第五章中進行的早期金錢觀的想像練習。先慢慢地做一次深呼吸，再閉上眼睛，想像那個大約六、七歲的你。你的父母或照顧者正在侃侃而談他們對金錢和財富的看法。這個畫面應該會讓你覺得平靜，因為你已經做了很多次的敲打練習。

接著，以成人的身分走進畫面之中，這時候的你已經實現收入和工時目標。你穿著昂貴的服裝，手上提著一個裝滿更多奢侈品的購物袋，因為剛做過按摩，所以整個人非常放鬆。你走進畫面，告訴父母自己賺了多少錢（是他們的好幾倍），以及你為賺這麼多錢工作了多少個小時。你也告訴他們自己的存款有多少，還有自己正準備和三位富豪一起坐著豪華轎車，去城裡度過一晚，之後還會去放長假。請留意自己當時的感受、外表、行為，以及父母對你說的任何話。

我猜想你大概不會真的用這種方式和父母說話，但這個練習有助找出你內在最深層、最根深柢固的阻力，迫使你打破「效忠家庭」的誓約，特別是對於金錢的看法。這個過程會迫使你去面對自己的「金錢陰影」，並看清楚原來你的潛意識是如此地非黑即白。我已經和成千上萬的人做過這個練習，令人感到驚訝的是，他們的反應往往充滿痛苦、負面與不自在。我經常聽到有人這麼說：

- 「我的父母看著我，好像我犯了什麼罪一樣。」
- 「他們批評我，不認同我。」
- 「他們懷疑我做了不道德的事，所以才賺這麼多錢，因為我不像他們那麼辛苦工作。」
- 「對他們說這些話讓我感覺很糟，他們看起來受到很大打擊。」
- 「我的父母是單純的人，他們無法想像有那麼一大筆錢。」

總結來說，他們覺得自己像個異類、遭受批評、覺得不自在，或突然不知道該怎麼和家人相處。不論這些感受是否合理，這種潛意識中對於變有錢的負面看法令人非常痛苦，而且從來不會被開誠布公地談論。

請重複這個練習，不過這一次，想像面對的是你的朋友和同事。許多人說他們最明確的感覺是：「我覺得格格不入，他們和我相處時也覺得不自在。」最常見的強烈情緒是提到收入和生活方式時，那種不安、內疚、尷尬或羞愧感。另一個常見的感受是對家人或朋友感到難過或

抱歉，或者對他們的疏離反應感到憤怒。還有一個可以注意之處，是他們對等候在車裡的三位富豪的評價。他們會怎麼看待那些賺了數百萬的人，以及你和他們一起外出的事實？請盡量詳細記錄你在想像畫面中感受到的訊息。

　　這個練習對艾倫來說非常有效。她是一位復健科醫師，在二十六年的執業生涯裡，對自己的工作越來越熱愛，而且總是充滿熱情地努力工作。但是艾倫的付出並未得到對等的回報。她的診所經營得非常成功，讓數千名快樂的病人能得到優良的醫療服務，但她來找我時，名下卻沒有任何存款或退休帳戶，收入也僅僅足夠支付業務和個人開支。當我問艾倫對有錢人的看法時，她認為這個世界上還是有很多富有、慷慨和慈善的人，不過她也記得自己的父親曾經不只一次說過：「財富會讓人墮落！」

　　事實上艾倫才剛與父親共進晚餐，她告訴父親如果自己成為了千萬富翁會是一件多棒的事，也說了自己要利用這筆錢做很多好事。但是她的父親堅持這對她是一件最壞的事。「這會毀了你，艾倫！」他一再地說。她反駁道：「但是，爸爸，如果變成千萬富翁的人是我，我會用那些錢做很多好事。」然而她的爸爸仍然固執地認為萬萬不可，這讓她感到很無語。這一刻讓艾倫清楚地看見，自己是如何被灌輸對財富的負面信念。她成長在一個經濟入不敷出的家庭，每天都得煩惱錢不夠用。

　　艾倫意識到，小時候她和兄弟姊妹每天都面臨匱乏的問題，所以家

裡的孩子有些人分得到資源，有些人則什麼資源都沒有，而為了讓自己過得更好、變得更優秀，她必須占用其他人的資源。這個事實讓她感到非常不安。她承認即使自己現在的財務狀況只是過得去，但已經比童年時期好太多了，所以她的潛意識認為這樣已經夠好了，不但安於這樣的收入，設立財務目標時也沒有太大的野心，而且不懂得好好理財，所以也沒存什麼錢。當我鼓勵艾倫為自己的診所設定一個金額非常高的收入目標時，她才意識到自己有所謂「療癒者的財富陰影」，他認為以幫助他人來賺錢並成為有錢人，是一件不對的事。

艾倫認識的大多數有錢醫生都是醫學博士。有一位醫生開著一輛價值不斐的車在病人面前呼嘯而過，還用輕蔑的態度對待病人，病人抱怨自己有什麼病狀，他就開什麼藥，而不是找出病因對症下藥。艾倫的許多病人都有類似的經驗，所以她不想與這些「有錢醫生」一樣，也不希望病人認為自己從他們的痛苦中牟利。當她意識到自己在「成為好醫生」與「追求財富」之間的內在衝突時，她才真正恍然大悟。在透過敲打法清理這些負面和限制性信念的過程中，艾倫對於自己因為這些被灌輸的觀念所付出的代價感到憤怒和悲傷，因為她許多年來勉強度日的收入，影響了自己和家人的生活方式。

之後，艾倫徹底改變了經營診所的方式，她稱之為「踏進執行長的角色」，這正是她過去總是迴避的事。她的目標變得更遠大，也開始更有意識地管理金錢，並學習如何打造更有利潤的事業。在接下來的一年裡，診所的利潤增長了百分之五十，她的存款和退休金也多了一倍。

最棒的是，當她專注在經營和管理之後，終於有能力將診所擴大成一間真正的整體醫療中心，這是艾倫最大的夢想。她也吸引到許多有才華的醫師加入，包括一位經常推薦她轉診病人、參加過她舉辦的研討會的醫師。

接下來的練習可以降低負面情緒的強度，幫助你把追求財富的目標，從潛意識害怕被家族拒絕的恐懼中分離出來，並為你建立的全新財務目標帶來更多的清晰與覺察。為了得到最佳效果，請特別專注那些想像畫面和感受所引發的情緒反應。

敲打練習：緩解金錢陰影（1）

請依序輕敲各個穴位，並在腦海中想像前述練習的畫面：

他們（我的父母）在那裡 *** 批評我／質疑我 *** 甚至懷疑我是不是做錯了什麼 *** 懷疑我已經自甘墮落 *** 這讓我感到非常不自在 *** 我感到尷尬 *** 羞愧 *** 真的很不自在。

我讓每個人都不開心、不舒服 *** 我覺得自己太傲慢 *** 無禮 *** 自私 *** 我的父母這麼努力工作 *** 而我卻向他們展現自己很輕易就成功了 *** 這種感覺真的很可怕 *** 我心裡覺得很難受。

也許他們現在對我懷有敵意，甚至排斥我 *** 或者會開始向我伸手要錢 *** 希望我負責解決一切 *** 我感覺很糟 *** 為他們感到難過 *** 也許他們極力表現出以我為榮的樣子 *** 但我知道事實上

*** 他們現在會用不同的眼光看待我 *** 他們會質疑或批評我。

一切都改變了 *** 因為現在我變有錢了 *** 我是那個擁有財富的人 *** 我已經和他們不一樣了 *** 也許他們現在討厭我或甚至排斥我 *** 或是覺得現在是我在批評他們 *** 我真的不喜歡這種感覺 *** 太令人人難堪 *** 衝突 *** 無力感 *** 難過 *** 我一點都不希望這種事發生！

現在，請再次回顧想像中的那個畫面，它帶給你的感受應該沒有那麼強烈了。接著繼續進行下一回的敲打練習，讓潛意識中根深柢固的觀念浮現到意識層面，直到它逐漸失去對你的影響力。

請再次依序輕敲各個穴位：

哇，我真的看到了被灌輸的觀念 *** 清清楚楚 *** 它讓我覺得變成有錢人 *** 不是好事或安全的事 *** 而我工作的時間比父母還少 *** 是多麼地不對 *** 當我看到這一點時 *** 才意識到自己的內心確實有一股抗拒。

這股抗拒非常不舒服 *** 無論是對我設定的目標 *** 財富目標 *** 和生活的目標 *** 都是一個很大的衝突 *** 雖然看起來很瘋狂 *** 也不合邏輯 *** 但我的感覺完全顯露了這一切。

我現在要肯定它 *** 處理它 *** 我知道自己擁有強大的意識和

> 覺察 *** 我願意釋放 *** 所有這些為了生存而產生的觀念 *** 它讓我無法與財富連結 *** 它帶來痛苦 *** 難堪 *** 衝突 *** 排斥 *** 還有來自家人和朋友的批評 *** 為了變有錢 *** 我願意讓覺察之光照耀在原始的動力上 *** 為了得到家庭的認同 *** 我的家人 *** 讓我在財務上停滯不前 *** 所以我必須放手。
>
> 　　我不再需要這樣的情況！ *** 我選擇自由 *** 選擇被愛與被接納 *** 還有完全的安全 *** 同時變得更加富有 *** 實現所有的目標 *** 用我喜愛的方式實現目標。

在完成這個練習之後，你應該會感覺很好。這是非常好的自我肯定方法，不論有沒有搭配敲打法，我建議每天都進行。這麼做能夠提升你的覺察，讓你更真切地感受到自己當下的人生、目標和選擇。

金錢陰影（2）

在第二個練習中，你將轉換視角，覺察自己從父母、宗教、社會和媒體所吸收並內化的觀念。藉由從不同視角來檢視金錢陰影，你會看見自己對成為有錢人的各種限制性信念。

練習：解讀金錢陰影（2）

請想像一個擁有龐大財富的人，一個你很難不去批評也無法完全尊重的人，你也知道你的父母會對這個人品頭論足、充滿抱怨。這個人對你來說就是金錢陰影的代表。

接下來請閉上眼睛，想像你正看著這個人。他在你眼中看起來是什麼模樣？你對他有什麼評價？（請誠實說出自己的想法，甚至可以尖銳一點。）他是傲慢自大、自私自利還是揮霍浪費？是冷漠、高傲還是貪得無厭？是不是只在乎錢，根本不關心別人？請具體寫下每一個感受，寫得越具體明確，你就越能在下一回的敲打練習中獲得更大的成效。

現在，我們將透過敲打法來表達你對這個人的看法。練習中的句子是我最常聽到的內容，你可以替換成能表達你真實感受的語句。

敲打練習：緩解金錢陰影（2）

請依序輕敲各個穴位，並想像你正注視著這個人：

他就在那裡 *** 我看著他 *** 那麼有錢 *** 那麼高傲 *** 他覺得自己比每個人都優越 *** 他認為自己比我還要優秀 *** 如此墮落 *** 如此自私。

> 他根本不關心任何人 *** 只關心錢 *** 完全只在乎錢 *** 自私地只關心自己 *** 完全物質主義 *** 我一點也不想變成那樣 *** 我絕對不會變成那種人 *** 我的家人和朋友一定也會同意我的看法。
>
> 那是多麼糟糕的財富表象 *** 我要譴責這樣的人 *** 而且我完全有理 *** 高傲又自私 *** 根本不在乎真正重要的東西 *** 比如人 *** 他大概都是踩著別人往上爬的。
>
> 為了爬到頂端而傷害別人 *** 我要譴責這樣的人 *** 我應該這麼做 *** 我的父母也會同意 *** 我的朋友也會同意 *** 我一點也不想變成那樣 *** 我拒絕成為那樣的有錢人 *** 我一點都不想跟那樣的財富扯上關係。

請慢慢地做一次深呼吸。覺察當你用非常誠實甚至有些誇張的方式，表達你對這些人的看法，並藉此釋放情緒時，心中有什麼感受。請閉上眼睛，再次想像那個人。現在他在你的眼中是什麼模樣？你對他還是非常反感嗎？你對他的評價還是非常負面的嗎？即使只進行了一次敲打法，這些感受的強度應該已經降低了很多。如果你仍然有強烈的負面感受，請再重複進行一次敲打法。

金錢陰影帶來的禮物

現在，我們要用最開放的心態來理解金錢陰影。你對金錢陰影的感

受會為你帶來特殊的禮物：幫助你認清自己欠缺哪些累積財富的特質。你所想像的這個人或許做過不公平或不道德的事，但這同時也會讓你明白自己需要做些什麼，才能改善生活與財務狀況。這個人或許用不好的方式累積財富，態度傲慢又自私，但當你能超越自己的負面情緒、用更客觀的角度來看待這個人時，你就能看見陰影當中蘊藏的禮物。

舉例來說，我經常聽到大家對有錢人最大的批評，就是有錢人很傲慢。雖然我並不鼓勵任何人變得傲慢，但是不妨換個角度，思考我們能從一個傲慢的人身上看到什麼呢？我最常聽到的答案包括：

- 「他們能夠感受到自己的力量。」
- 「他們會主動爭取自己想要的東西，而且往往會如願以償。」
- 「他們非常肯定自己的價值，絕對不低估自己。」

這些其實都是很多人常常覺得困擾的課題。如果你能借用某部分的「陰影」，感受自己擁有更大的力量，敢於開口要求自己想要的，並肯定自己的價值，這不就是人生的一大禮物嗎？你不必變成一個糟糕、傲慢的人就可以做到，只需要比現在多一點點的傲氣，就可能大大改變你的財富狀況！很多時候，我們最反感、最厭惡、最無情批判的特質，正是我們自己最需要的部分。不過，你只需要一點點就夠了。那麼，我們又能從一個自私或比較以自我為中心的人身上看到什麼呢？以下是我最常聽到的幾個答案：

- 「他們能夠和別人劃清界線。」
- 「他們比較看重自己，把自己放在第一位。」
- 「他們把更多精力和專注力放在創造財富上，並因此讓自己感覺良好、安全、富足。」

許多人承認上面所提到的這些，正是他們日常生活中的最大挑戰，為了不讓顯得自己太自私，所以他們都避免這麼做。你現在是否開始看見這個「陰影」所帶來的禮物了呢？甚至連崇尚物質主義和滿腦子都是錢的行為也能為你帶來禮物。有錢人通常會以累積財富為目的，有效管理與運用大筆資金。他們確保自己在這方面具備專業，並將金錢管理與財務成長視為優先事項。那麼，採取一些這樣的做法，不就是人生的一大禮物嗎？用這樣的方式來思考金錢陰影，能幫助你開始意識到，雖然你覺得這個人很負面，但那種「我絕對不會變成那樣」的情緒，實際上會阻礙你累積更多財富，也無法用更健康的心態來看待你不喜歡的特質，然而這兩者都能幫助你掌握屬於自己的金錢力量。陰影所帶來的禮物可以幫助你學習：

- 專注創造你真正渴望的財富。
- 擁有「傲氣」，能向別人宣告自己的價值，並勇敢要求你想要的，因為這麼做的人通常真的能得到。
- 設立界線，把自己和財務狀況放在第一位。

你可以透過敲打法將這些整合起來，跨越阻礙，真正掌握自己的金錢力量。金錢陰影所帶來的最大禮物，就是讓你具備清楚的認知，成為一位真正優秀的金錢管理者。有太多人總是說「我不擅長理財」，這是因為他們往往曾發下誓言，絕不要成為他們認為代表金錢陰影的那種人。

敲打練習：接受金錢陰影帶來的禮物

請從輕敲手刀部位開始：

雖然我批判這個有錢人，而且我的很多看法也都是對的，但是我願意覺察自己內心的衝突。我一直拒絕像這個人一樣，因為我害怕被排斥，害怕必須承受他人的批判。我批判了這個人，意味著如果我也變成了有錢人，大家也會像這樣批判我。

雖然我對這個代表「金錢陰影」的人做了很多批判，但我也願意看清這些批判當中的矛盾。然而絕不變成那樣的人的誓約，使我無法接受這份禮物。

這個人身上有我可以接受的禮物，對我個人而言是一種召喚，指引我掌握金錢的主導權。我現在願意接受這份禮物，我願意成為百萬資產的管理者，我樂於處理、賺取、累積並管理數百萬錢財。

請繼續依序輕敲各個穴位：

我做出了很多批判 *** 我認識的每個人也都如此 *** 我完全理解自己為什麼會抗拒財富 *** 我現在明白 *** 我一直在設法擺脫我的錢 *** 以避免看起來像這個人 *** 我完全肯定自己抗拒的金錢陰影 *** 因為那些負面的特質顯而易見。

　　我從來就不想變成那樣 *** 但我願意接受其中的禮物 *** 來自於傲慢的禮物 *** 在「傲慢」這個負面字眼之中，隱藏了一份美麗的小禮物 *** 生活中多一點點傲慢可能對我有幫助 *** 我願意接受自私的禮物 *** 在這麼負面的字眼中，隱藏著一份微小的禮物 *** 讓我在生活、財富、目標中，更加自私一點點。

　　這對我來說是一份禮物 *** 我願意接受專注於金錢的禮物 *** 關注太多會失衡 *** 但關注太少會讓我變貧窮 *** 所以我願意接受專注於金錢的禮物 *** 以一種專注的方式 *** 讓我能用我的智慧 *** 我的才華 *** 我的能量 *** 處理所有和金錢有關的事。

　　我願意成長 *** 成為一個擁有千萬資產的管理者 *** 賺錢 *** 處理 *** 管理龐大的資金 *** 成為一個富有的人 *** 同時充滿愛心 *** 充滿同情 *** 比我現在能做到的更加慷慨。

　　我完全願意成長 *** 成為一個真正優秀的管理者 *** 我現在可能還不是那樣的人 *** 但我願意成長 *** 就像我現在所做的。

　　我要讓宇宙知道 *** 可以給我很多錢 *** 我有能力處理這些錢 *** 我會妥善管理 *** 我會好好運用 *** 我發自內心地肯定我天生的智慧 *** 我現在要用這份專注 *** 累積金錢和財富，為自己開創最大的福祉。

請做一次深呼吸。以上這個針對金錢陰影的練習有點不一樣，因為你很難在自己用非常負面的眼光看待的百萬富翁身上，發現值得借鏡或學習的地方。但我希望你能享受這個練習，透過這個過程喚醒更強大、更全面，也更完善的金錢力量。想像一下，如果你將百分之二十的精神、專注和智慧投入在你的收入和存款目標會發生什麼事。如果你停止讓潛意識拒絕變有錢，就可以開始想像所有能夠累積金錢的方式，為自己的生活創造更多的保障和財富。現在就開始吧！

第十七章

創造財富能量的五個原則

「我為什麼不能更有錢？」讀到這裡，我希望你已經擁有許多線索和想法來回答這個問題。過去形成的觀念和行為模式，總是深藏在潛意識中發揮作用，因此難以覺察，但威力卻相當強大。當你透過書中的練習開始有意識地覺察，然後運用敲打法加以清理，你就為自己找到了重獲自由的機會。

想要得到自由，你需要覺察自己的模式，了解它們如何與你眼前的生活和日常行為相互連結。接下來，你需要運用敲打法來連結身心，進一步釋放能量，包括各種模式所帶來的情緒與限制性信念。隨著重擔逐漸卸下，你就能開始擁有全新的理解和觀點，並以更開放的態度發現所有可能性，幫助自己做出新的選擇。我們從第一章到現在，已經討論了大部分的觀念，然而如果想要真正創造一個全新的財富境界，我建議你採取五個關鍵原則。如果你能夠將這五個建議融入每天的生活當中，就能幫助你達成目標。

達成目標的五個關鍵原則

第一，下定決心定期檢視並注意自己是否又回到從前的行為模式，這些模式會限制你能擁有或能做的事情，或是出現抗拒成功的傾向。假如你能夠發現自己的過往模式又開始影響你的想法、對金錢的反應，或是賺更多錢的機會，你就能夠掌控局面，而不是讓舊有的金錢觀和行為模式控制你。如果發現這些模式在作祟，請立刻用內在的力量挑戰它。必要時再透過敲打法，用最快的速度清除這些阻礙。

第二，下定決心充滿活力，積極迎接每一天！隨時觀察自己的狀況，只要發現自己缺乏全心投入的意志，請立刻停下來，重新啟動你的行動力。然後看著你的目標，問問自己：「我有多想實現它？」如果答案是：「非常渴望！」請花一點時間來提升你的能量。只要你夠渴望，就可以從內心激發出更多能量、熱情和渴望。必要時，可以跳起來大喊：「我想要！」當你變得更專注、更有能量、更加投入時，你所做的每一件事、所說的每一句話，都會具有更大的影響力和力量。這種振奮的氛圍會為你帶來資源、客戶、夥伴和財富。熱情、興奮和激情是讓你比那些雖然擁有智慧、點子與資源，卻缺乏這些特質的人走得更遠的關鍵。

第三，下定決心採取行動，並竭盡所能讓行動持續。這代表你需要給自己時間去夢想、去思考，讓創意湧現並激發你的靈感。你還需要制定許多第一步的計畫來讓靈感和創意成真。把它們寫進行事曆，記

下需要採取的行動，並設定進度來確定進展。如果能找到一位值得信賴的夥伴更好，你每個星期至少要和這位夥伴通話十五分鐘，一起檢視你的目標和行動計畫是否跟上進度。你們兩個人必須一起合作，互相鼓勵打氣，朝著達成目標而努力。有了這麼一位夥伴，能讓你在追求更高財富境界的旅程中感覺不那麼孤單。

在積極、自主的狀況下，你的效率和效能會有更好的發揮與表現。許多人會抗拒承諾和責任，因為這就像要跟另一位上司報告一樣。但是如果你真的渴望實現目標，你會發現對自己的計畫負責能夠使你更快抵達終點。你可以問自己：「我希望多快達成目標？」如果答案是：「非常快！」請選擇能夠幫助你專注並堅定執行必要步驟的方式，因為如果你必須向某人報告進展，就比較不會被過往的行為模式掌控。況且等你習慣了新模式之後，你應該會覺得比較自在，甚至不再需要有人監督你的進度。不過就目前的狀況來說，如果可能的話，你還是需要某個人協助。

第四，花一點時間檢視你所有的計畫和目標。然後再做一件看似違反直覺的事：讓自己完全自由選擇不去完成目標，把這整件事拋在腦後。沒錯，我要告訴你，你可以放棄你的目標！你可以選擇繼續過原本的生活，賺同樣的收入，享受你現在擁有的一切。這個建議或許讓你感到意外，卻是重要的一步，所以不要輕視它。事實上，你並不是一定要選擇實現你的目標，你可以不必下定決心，不必做任何不同的事。請接受這一點，因為你必須給自己選擇放棄的機會，選擇不去實現你的

目標。當你告訴自己「你必須做到」時，你就失去了掌控權，並成為目標的奴隸。真正的選擇是知道自己不必做某件事，但仍然選擇去做。當你是有意識地做出這樣的決定時，那才是**真正屬於你的選擇**。

如果你在不是很確定的狀態下選擇創造新的財富現實，它將變成你認為自己必須去做、一定要做、感覺去做很合理的另一項義務。到最後會讓你覺得像是做另一份工作、一個強加在你身上的事，或是應該反抗的事。為了讓你的目標成為一個真正的選擇，你必須擁有其他選擇的空間。這就是為什麼承認你有選擇不追求這個目標的權利很重要。覺得自己只有一個選項並不是真正的選擇，這會對你產生壓力。知道可以選擇維持現狀會讓你輕鬆許多，因為你知道如果這個目標不適合你，你可以不去實現它。擁有選擇的空間，能讓你在追求更多財富的道路上更加自在。

我希望你完全允許自己有「半途而廢」的選項，但仍然堅持你的選擇走下去。你能感覺到擁有這個選項的輕鬆與自由嗎？當你選擇創造新的財富現實這類重要的目標時，你必須完全自由地去選擇，同時非常清楚這個選擇所代表的意義。假如你已經做出了選擇，並在考慮所有選項之後，依然決定這個目標就是你真正的選擇，那麼你就會持續下去。明天當你醒來時，你必須再次檢視你的目標、再次檢視你的計畫、策略、正在進行和計畫中的行動，並再次選擇去執行。你必須每天全然地、發自內心地決定並重新選擇你的目標。如果能夠這麼做，你就能真正擁有實現目標的力量，並成為少數能如此有意識地選擇想要的方

式過生活的人。

不過這樣的選擇也有一個缺點，那就是做出真正的選擇後，你必須放棄一件事：抱怨！你必須接受選擇所帶來的一切。當你做出選擇時，也代表你選擇了額外的工作、新的自律標準，以及其他隨之而來的犧牲，這些都是選擇的一部分，這也代表你不再有抱怨的權利。當你有意識地做出選擇時，你就必須為自己的選擇負起完全的責任，即使這個選擇是最困難的那一個。擁有能夠有意識地決定自己想創造什麼的巨大自由，也意味著你必須徹底承擔這些選擇所帶來的責任。當你越是努力去做，就越會發現，抱怨是沒有能力的人才會做的事。擁有你的選擇，也代表你將擁有伴隨而來的一切。

這並不表示你不會遇到困難、挑戰和意外的狀況，這些都會讓你想要抱怨。畢竟事情不會總是如你所願，總會有什麼讓你感到挫折、失望、壓力，差別只在於你如何處理這些情況。在那些艱難的時刻，要真實地覺察並接納自己內心被觸動的感受，不要逃避或置之不理。即使身處低谷，你必須堅定地知道，你依然願意選擇這一切。為什麼你會這麼做呢？答案永遠只有一個：「因為我真的很想要達成我的目標！」這就是為什麼你必須提高自律標準，發自內心渴望目標實現，而且每一天都要這麼告訴自己。充滿熱情地設立遠大的目標是一回事，持續保有熱情並採取實際行動又是另一回事。

這就帶領我們來到**第五個關鍵原則**。信任並展現你的光明面與黑暗面。你一定會有害怕、憤怒和失去信心的時刻，因為你只是一個凡人，

無法脫離人性。但是你能透過這個人性展現自己良善的一面。坦然接受你內心的矛盾，包括：

- 恐懼與勇氣。
- 貪婪與慷慨。
- 怠惰與成就。
- 愚蠢與智慧。

你永遠會同時擁有兩者。當你願意接受這個事實，並且全然肯定真實的自己，就再也沒有什麼可以阻礙你了！當你真正地認識自己，「沒錯，有時候我真的是個大笨蛋，但我也有非常聰明的時候」，你就不必再費盡心思隱藏自己的缺點，你可以大方地向自己和其他人坦承，「我真的很害怕被別人批評，有時候真的是個膽小鬼，但我有時候也很勇敢，很有勇氣，甚至是個英雄」，你會感到無比輕鬆自在，任何事情都不能阻擋你。

不完美的成功

當你設定了遠大的目標時，這個目標會逼你跨出舒適圈，觸發你內心的許多情緒。但現在你有一個不可思議的武器，你可以運用敲打法來減少恐懼和自我批判，同時知道自己只是個凡人，知道自己會有害怕

的時候，會擔心失敗，害怕被批評，也會對自己過於嚴苛，這是身而為人的一部分。但請你在那些時候提醒自己，你的內心也擁有無畏、果敢、無可阻擋且專注的力量。**你可以擁有遠大的目標，創造從來不曾擁有過的財富，但仍然可以做真實的、有缺陷的、不完美但獨一無二的你。所以請做自己，但選擇做更大膽、更真實、更有活力的你。**當你這麼做時，你的目標將變得更大！它會為你帶來更大的財富，引領你走上成為更真實的自己的旅程。

現在，我們要進行最後一回的敲打練習，它將呼應前面提到的關鍵要點，幫助你調整到最佳狀態，勇敢邁向你的財富目標。

敲打練習：邁向成功

請依序輕敲各個穴位，同時說出以下的句子：

我有一個遠大的目標 *** 我為此付出了很多 *** 我在目前為止的成長中 *** 更加認識自己 *** 我已經準備好往前邁進 *** 但我要先肯定自己 *** 我肯定現在的自己。

我只是一個凡人 *** 所以我在某些層面上被困住了 *** 我感到不知所措 *** 我感到恐懼 *** 我是個膽小鬼 *** 我缺乏自信 *** 我的夢想破滅 *** 我憎恨這個世界 *** 我感到深深的哀傷 *** 我有這些情緒，因為我只是一個凡人 *** 但我也非常了不起 *** 我非常聰明 *** 我心扉寬大 *** 而且有一個很大的夢想 *** 我有一個遠大

的財富目標 *** 我對自己想追求的夢想和願景 *** 雖然有些稍縱即逝，但有些我真的很想擁有！ *** 而這個遠大的目標 *** 是我真的想要達成的 *** 我要發自內心完全予以肯定。

現在這一刻 *** 現在的我一團亂，但也蘊含著奇蹟 *** 我的過去是我的一部分 *** 也是我的力量 *** 我所經歷的一切，都是我的一部分 *** 我正站在脫離一切過往的懸崖邊 *** 這種感覺棒透了 *** 這是一個重大的責任 *** 我看到其他人都渾渾噩噩地過日子 *** 但現在的我已經明白了這一切 *** 這真是太棒了 *** 這是一個很棒的責任 *** 我有如此多的選擇自由，這讓人害怕 *** 脫離渾渾噩噩的生活一點也不簡單。

我要肯定現在的自己 *** 雖然我的心中充滿恐懼 *** 所有的限制性信念 *** 所有的願景 *** 所有的夢想 *** 所有我心中的渴望和使命 *** 我要肯定所有的一切 *** 我願意向前邁進 *** 朝向令人驚嘆的療癒 *** 驚人的選擇 *** 驚人的目標 *** 在這條路上，我需要支持的力量。

雖然這不容易做到，但我還是嘗試去做 *** 所以我要請求支援 *** 向整個宇宙請求 *** 向神聖請求 *** 希望得到靈感的啟發 *** 希望能得到確認 *** 這樣會對我很有幫助 *** 我希望能得到神聖的指引 *** 能有貴人出現 *** 我的生活就會像猶如神助般 *** 充滿啟發、靈感、巧合 *** 或者奇蹟 *** 或是很棒的人 *** 我願意完全地敞開，讓我需要的一切出現 *** 給我支持的力量 *** 促進我的願景 *** 幫助我療癒 *** 幫助我提升自己 *** 幫助我鼓起勇氣 *** 幫助我創造我夢想的一切 *** 我願意完全地敞開，期待並接受那些幫助。

> 我願意盡自己的一份心力 *** 下定決心採取行動 *** 比任何時候更努力 *** 我下定決心不讓自己再次落入自我設限的陷阱 *** 防止自我破壞 *** 或看輕自己 *** 及時發現自己 *** 我會提升自己的能量，記住我要實現的目標 *** 記住我做得到 *** 因為我是一個開創者 *** 我看見了更遠大的目標 *** 我看見了自己不曾注意的事物 *** 如此豐富和無限的可能性 *** 我看到自己擁有無比的潛力 *** 我要激發出更多的才能 *** 勇氣 *** 才華 *** 熱情 *** 激勵 *** 對遠大的目標充滿願景。

　　我希望這本書能幫助你更接近你所渴望並應該擁有的財富。我知道敲打法是一個前所未見的療癒方式，也會引發不舒服的回憶，而且乍看之下還有點荒謬。這些我都知道，畢竟我有工程學的背景。但是，我很慶幸自己給了它一個機會！透過敲打法竟然就能夠達成如此艱巨的目標，看起來確實匪夷所思。如果你已經花了很多年的時間想要擺脫財務困境，那麼在臉上和身上輕敲幾個穴位的方式，未免太過簡單，很難讓人相信會有什麼改變。但是它真的有效！

　　我和你一樣，曾經感到懷疑、猜忌和恐懼，但是這個方法確實有效。如果當初我沒有足夠開放的心態去嘗試這個聽起來很愚蠢的敲打法，就不可能擁有現在的事業。我真心希望你能夠利用這個強大的工具，創造出屬於你的財富現實。請永遠記住，你具備所有成為有錢人

的能力！所以，請大膽去追求，並享受金錢帶來的一切。你有資格擁有更多錢！甚至比你想像的還要多！擁有這些財富的力量，就在你的大腦和指尖上。

致謝

瑪格麗特・林區的感謝

我要感謝艾倫・戴維森（Alan Davidson），他是一位摯友，也是一個真男人……如果少了你，我真的不知道該怎麼辦！你的友誼與引導一直是我的光，照亮了我的使命，帶給我幸福！

感謝尼克（Nick）、潔西卡（Jessica）與艾力克斯・歐特納（Alex Ortner），謝謝你們幾年前給我一個發光的機會，並且以最神奇的方式支持我！

感謝艾瑪（Emma），我身兼美麗與才能於一身的女兒，你的誕生永遠改變了我的生活，也永遠改變了我。你每天都為我帶來啟發，讓我每天都笑容滿面，我每一天都愛著你！

感謝我的父母彼德（Peter）和瑪格利特（Marguerite），他們肩負使命，養育了八個充滿力量、接受良好教育，並在充滿愛的環境中長大的孩子……而且每個都很有成就。感謝你們時時相信我，支持我走上這條創業的路。感謝我的七個兄弟姊妹以及他們的另一半，你們是地球上最棒的家人。

感謝我一輩子的摯友、和我年齡相近的「愛爾蘭雙胞胎」安妮（Annie），我真心感激你出現在我的生活裡，我知道我們會一直彼此支

持與相伴……直到永遠。感謝你帶來凱蒂（Katie）、霍普（Hope）這麼美麗的禮物，還有邁（Mack）、奧利佛（Oliver）和斯莫喬（SmoJoe），我非常珍惜他們，你們才剛離開，我就已經開始想念你們了。

感謝貝瑟妮（Bethaney），你是我所有教練工作的夥伴，也是每週六長達十二小時茶會的閨蜜。我愛我的工作，因為能和你一起「上班」！謝謝你那非凡的友誼、智慧和稀奇古怪的幽默感！謝謝你能理解我，我也能理解你！

感謝我強大的團隊夥伴凱倫（Karen）、雪莉（Sherry）、佩琪（Peggy），我太喜歡有你們的生活，而且非常期待我們總是捧腹大笑的聚會。還有我最親愛的朋友溫蒂（Whendy）梅莉莎、（Melissa）和潔西卡（Jessica），你們一直是支持我的堅定力量，時時給我關懷，不厭其煩地聆聽我的長篇大論。

感謝里斯‧湯瑪斯（Rhys Thomas），感謝你帶我理解脈輪的運作模式，並讓我使用在本書中。

謝謝蘇絲‧歐曼（Suze Orman），感謝你第一個要求我檢視自己的金錢觀，並幫助我開啟覺醒生活。感謝大衛‧巴哈（David Bach）和蘿拉‧蘭吉梅爾（Loral Langemeier），他們教會我先滿足自己。我也要感謝偉恩‧戴爾（Wayne Dyer），他啟發我離開企業職場，跟隨內心的聲音迎向未知。

感謝地球上最聰明的女性，潘蜜拉‧布魯納（Pamela Bruner）、蘇珊‧伊凡斯（Suzanne Evans）和莉莎‧薩斯維奇（Lisa Sasevich），感謝

你們教會我如何建立真正的事業。

最後要特別感謝黛莉・迪雅娜・施瓦茨，感謝她對我充滿信心，並將我的教學轉化為一本精彩的書！

黛莉・迪雅娜・施瓦茨的感謝

首先，我要感謝上帝和宇宙賜予的所有祝福。也無比感謝瑪格麗特・林區願意讓我一起完成這本書，並因此改善我的生活。特別感謝直覺教師、「直覺的力量」（Powered by Intuition.com）的創始人安琪拉・阿爾特密斯（Angela Artemis），在聽到讓我感到掙扎的問題時，慷慨地教我 EFT 敲打法這種新奇的能量技巧。這個方法徹底改變了我的人生，並帶領我學會如何更好地運用它，幫助自己和前來尋求諮詢的對象。也正因如此，我才有機會與瑪格麗特相遇。

高寶書版集團
gobooks.com.tw

AM 009
加速財富顯化的EFT敲打法
《有錢人想的和你不一樣》作者也在用，每天輕敲幾分鐘，創造持續流入的財富
Tapping Into Wealth: How Emotional Freedom Techniques (EFT) Can Help You Clear The Path To Making More Money

作　　者	瑪格麗特・林區（Margaret M. Lynch）、黛莉・迪雅娜・施瓦茨（Daylle Deanna Schwartz）
譯　　者	何佳芬
編　　輯	林子鈺
封面設計	林政嘉
內頁排版	賴姵均
企　　劃	陳玟璇
版　　權	劉昱昕

發 行 人	朱凱蕾
出　　版	英屬維京群島商高寶國際有限公司台灣分公司 Global Group Holdings, Ltd.
地　　址	台北市內湖區洲子街88號3樓
網　　址	gobooks.com.tw
電　　話	（02）27992788
電　　郵	readers@gobooks.com.tw（讀者服務部）
傳　　真	出版部（02）27990909　行銷部（02）27993088
郵政劃撥	19394552
戶　　名	英屬維京群島商高寶國際有限公司台灣分公司
發　　行	英屬維京群島商高寶國際有限公司台灣分公司
法律顧問	永然聯合法律事務所
初版日期	2025年09月

TAPPING INTO WEALTH:HOW EMOTIONAL FREEDOM TECHNIQUES (EFT) CAN HELP YOU CLEAR THE PATH TO MAKING MORE MONEY by MARGARET M. LYNCH with DAYLLE DEANNA SCHWARTZ
Copyright: © 2013 by Margaret M. Lynch and Daylle Deanna Schwartz, M.S.
This edition arranged with Books Crossing Borders, Inc.
through BIG APPLE AGENCY, INC. LABUAN, MALAYSIA.
Traditional Chinese edition copyright:
2025 Global Group Holdings, Ltd.
All rights reserved.

國家圖書館出版品預行編目（CIP）資料

加速財富顯化的EFT敲打法：《有錢人想的和你不一樣》作者也在用，每天輕敲幾分鐘，創造持續流入的財富/瑪格麗特.林區(Margaret M. Lynch), 黛莉.迪雅娜.施瓦茨(Daylle Deanna Schwartz)著；何佳芬譯. -- 初版. -- 臺北市：英屬維京群島商高寶國際有限公司臺灣分公司, 2025.09
　面；　公分. --

譯自：Tapping into wealth : how emotional freedom techniques (EFT) can help you clear the path to making more money

ISBN 978-626-402-346-7（平裝）

1.CST: 個人理財　2.CST: 金錢心理學

凡本著作任何圖片、文字及其他內容，
未經本公司同意授權者，
均不得擅自重製、仿製或以其他方法加以侵害，
如一經查獲，必定追究到底，絕不寬貸。

版權所有　翻印必究

GOBOOKS & SITAK GROUP©